给寻找答案的人

路人无怙依，愿为彼引导，
并作渡者舟，船筏与桥梁。
求岛即成岛，欲灯化为灯，
觅床变作床，凡需仆从者，
我愿成彼仆。

——寂天菩萨《入菩萨行论》

序言 给寻找答案的人

心灵的安顿和自由是人人渴望的,但是,我们在追求这安顿和自由的过程中,往往被自身的矛盾所限制。缺乏对自己的了解,令我们总是处在困惑和痛苦之中。

有人说,佛法似乎总是在强调苦,苦苦、变苦、行苦,那么关于人生的幸福和快乐,佛法是怎样看待的呢?其实,佛法也讲幸福快乐,但强调通过见、修、行去实现真正持久的幸福。

见,指佛法对于人、事、万物的见解,比如无常、无我、苦、空、因果、缘起等。

修,指依照系统的方法和次第把以上见解内化为自己的体悟,亲身去勘验、证明佛法的正见。

行,指把亲自体验和证明到的应用、融入生活中,通过帮助、分享、分担、自律,通过关爱、贡献、耐心、善巧,去进一步体会和表现生命与生命间的联结，也就是我们常说的"行愿"。

对许多人而言，佛法不仅意味着一种精神依托，更重要的是它提供宽广而有深度的视角，让人能够更好地了解自己、了解世界，而这份了解将最终带来平静和喜乐。

这本有关佛法的问答集，汇总了近年来由口头、邮件、短信、微博等方式向我提出来的五花八门的问题。提问者的背景、兴趣各不相同，但他们的问题却在一定程度上代表了人们对于佛法见、修、行的常见疑问，因此我们对这些本自独立的问题进行了编辑和归类，整理成书，希望能在解答疑问的同时，帮助读者初步了解佛法的见解、修行次第和方法。

更重要的是，我希望这本问答集的读者能够把这次阅读当成自我省思的开始，结合自身的困惑和问题，去思考、辨析、体验，而不要仅仅满足于被告知。

这本书包含七个部分，共一百八十余个问题，从不同层面、由浅入深地介绍了佛法的基本见解和修行。

第一辑和第二辑主要讲佛法能带给我们什么，以及如何从佛法的角度去看待平常生活中的一些问题。我们介绍了佛教的缘起观，探讨了佛法的入世与出世，完善的人格对于学佛的重要性，戒、定、慧，以及个人的修行与工作、家庭和社会生活的关系。

提问者多是对佛法感兴趣或者刚刚进入佛门，却不太了解佛法，对生活有诸多疑问，希望从佛法中寻找参考或答案，因此在这部分章节中，我尽量使用通俗易懂、贴近日常生活的语言和表达方式来回答问题。

在第三辑中，我们围绕有关轮回、因果、苦、慈悲的提问，更为具体地介绍佛教在这些方面的基本观点。

第四辑"依止上师与闻思修"谈到修行的问题，包括如何辨别善知识，如何依止上师，闻思修的内在关系，正念的训练、止观、回向等等。

这部分的提问仍然是五花八门，提问者也不全是认真想修行的，但我的回答却主要是针对修行者，所以特别强调了出离。

没有出离心；没有具德上师指导，只靠自己看书来获得知识，并把知识同见解混淆起来，把见解同修持混淆起来；不注重上座禅修，认为修行只是修心……这些比较常见的问题阻碍着人们更多地从佛法中受益。

第五辑"死生事大"主要谈到修行者如何面对死亡，怎样帮助病人、临终者和逝者，往生净土的因缘，等等。无论信仰、价值观为何，每个人都不得不面对死和生。既然无可逃避，那么明智的做法就是尽量让自己做好准备，所以这一部分的内容对学佛者和不学佛者同样重要。我在此处介绍了中阴修法、简单的临终引导、超度，以及净土法门。

第六辑"护生"是有关放生的问答。现在，社会上关于放生的疑问不少。放生是否有必要，已经成为一个争论的焦点。但是，我在这一辑中并没有太多回答有关放生必要性的问题，而是把重点放在如何改进放生的过程上。原因是：首先，那些争论表面上看是关于动物的放生，它是不是合理，会不会给人类的生活带来不便，等等，更深层次上，这种争论和质疑反映的是对生命的基本态度，什么样的生命优越、更有特权，什么样的生命低贱、应该被利用和为高级的生命让步。然而，对生命缺乏最基本的尊重和关怀，正是现在诸多社会和个人问题的根源。人们需要换一个角度，重新思考生命的平等这样的问题了。其次，大乘佛教的核心是饶益众生，一切修行都是围绕这个展开，而放生是爱护生命的最为直接的一种表现。所以作为佛教徒，应考虑的不是要不要放生，而是如何让放生在最大程度上给自他、社会和环境带来益处。

放生，无论是大规模还是小规模，无论在何时何地，无论由谁来做，都是值得随喜的善行。某些放生的行为也的确有改进的空间，让我们一起努力把放生做得更好，而不是因噎废食。

第七辑"空性"介绍的是佛法的精华——般若空性。空性的话题，有些人很忌讳，不理解也不打算接受，另一些人却很喜欢谈论，而仅仅止于谈论。这两种态度都无法让人真正修学般若空性。

证悟空性的智慧虽说是我们自家的宝贝，不待外求，但是没有闻思修的铺垫启发，智慧是很难显发出来的。所以我在全书的最后，在大家对佛法的基本见解和修行有所了解和体会之后，再讲般若空性。

空性见解甚深微妙，即使只是简单的介绍，恐怕也不是很好懂。考虑到文章的可读性，我尽可能地使用大家比较熟悉的日常词汇，但其中推理、辨析、讲解的方法和模式却是来自传统的佛法教材，比如《中论》《入中论》《入行论》《定解宝灯论》《醒梦辩论歌》等。

我们可以通过言语、概念、分别心去初步理解空性，不过要记住：这些只是路标，是指月的手指，顺着它或许可以到达目的地，可以看见月亮，但是路标、手指本身并不是目的地和月亮。

书中大部分问答为首次公开发表。以前曾在书报、期刊或网络上发表过的部分内容，这次编入本书时，又做了修改和调整，所以问题虽然还是老问题，回答却有新内容。

为了方便读者查找和阅读，我们还专门添加了小标题。每个问答既自成一体，又与前后的问答有呼应和关联。希望这种安排能让阅读更加自由轻松。

在编写本书的过程中，上师的加持给了我源源不断的灵感和勇气。感恩我的根本上师法王如意宝！

由于我个人的能力有限，书中难免有错误和疏漏之处，为此我至诚地向传承上师、诸佛菩萨忏悔，请求你们的原谅。

我还要在此衷心感谢几个月以来无私地贡献时间和精力，为我收集、编辑资料，帮助整理文字的各位道友！你们的智慧和努力为这本书增添了光彩。

感谢提问者善巧地给了我解释佛法的机会！

希望这本书能够给读者带来些许欢喜和启发，也期待诸位善知识的批评指正。

愿正法广弘，众生安乐！

希阿荣博
于藏历木马年神变月（2014年3月）

献给我的根本上师

法王如意宝晋美彭措

目录

序言
给寻找答案的人 // 001

辑一 透过佛法看世界

了解自己，了解世界 // 003
诸恶莫作，众善奉行 // 006
同源 // 008
提问之前，先问自己 // 011
人活着 // 013
犹如昨梦 // 018
拥有一切又如何？ // 020
智悲是同时生起的 // 022
十足的好人 // 025
美丽的事物 // 028
所以有人天乘 // 030
龙树菩萨的比喻 // 031
进与退 // 032
爱需要智慧善巧 // 034
发心清净能减少伤害 // 037
培养孩子快乐的能力 // 039
生病了 // 042

无限的未知 // 044

唯信能入 // 046

如果心愿没有达成 // 049

辑二 个人修行与社会生活

尽在缘起中 // 055

个人与时代 // 057

自律 // 060

从我做起 // 062

唯有善能制恶 // 063

当学佛成为时尚 // 065

戒定慧是佛法修行的全部 // 068

学佛的基础 // 070

他自调心，何关汝事？ // 074

看似普通的生活 // 076

吃肉，吃素 // 078

都修行去了，社会怎么办？ // 080

出家与在家 // 084

是逃避责任吗？ // 087

与家人的矛盾 // 089

工作与持戒 // 093

简单生活 // 097

辑三 因果苦乐

前世和昨天 // 103

上一世的价值 // 108

跨越时空的因果 // 110

不是同样的水，也不是别的河 // 114

箭头指向未来的自己 // 117

菩萨保佑 // 119

好人为何遭殃？ // 122

戒后 // 124

此乃苦，汝当知 // 127

苦从何来？ // 131

违缘 // 133

关于生命的幸福和快乐 // 135

如果只有一杯水 // 137

善良是没有伤害之心 // 138

慈悲心的训练 // 140

柔和是一种力量 // 142

自己先安静下来 // 143

辑四 依止上师与闻思修

功德之源 // 149

寻找善知识 // 152

金刚上师 // 154

上师与弟子 // 155

依赖上师和没有主见 // 159

瑜伽士 // 162

祖古 // 164

次第而行 // 166

闻思修 // 169

读书，静坐 // 174

阅经 // 176

行持善法 // 179

嗔恨贪执生起时 // 187

正念法门 // 189

止观 // 200

八关斋戒 // 206

诵念经文 // 212

专注于自己的修行 // 213

闭关 // 217

你愿意放弃吗？// 219

放弃，积累 // 221

辑五 死生事大

修行者的死亡 // 227

生死无憾 // 233

简单的临终引导 // 235

死生与共 // 238

带上我的祝福去他生来世 // 241

净业之因 // 244

心的保护者 // 246

花开见佛 // 249

以火烧木，木尽火灭 // 251

横出三界 // 253

自有缚无法解他缚 // 254

空与净土 // 257

以楔出楔 // 259

念佛圆通 // 261

辑六 护生

最珍惜的莫过于生命 // 265

我们是平等的 // 270

哪怕救度一条生命也是有意义的 // 273

尽己所能 // 278

解脱的种子 // 282

共修放生 // 285

吃素与放生 // 288

辑七 空性

空性 // 293

墙、鹰、风幡 // 296

大千世界 // 298

梦和醒 // 302

佛的三身 // 306

如果没有分别心 // 308

空性和虚妄 // 310

看到的是什么？ // 312

二、不二、无生 // 314

无欺的痛苦也是虚妄的 // 315

放下执着和发大愿 // 317

见解和行为 // 319

可以选择其他法门 // 320

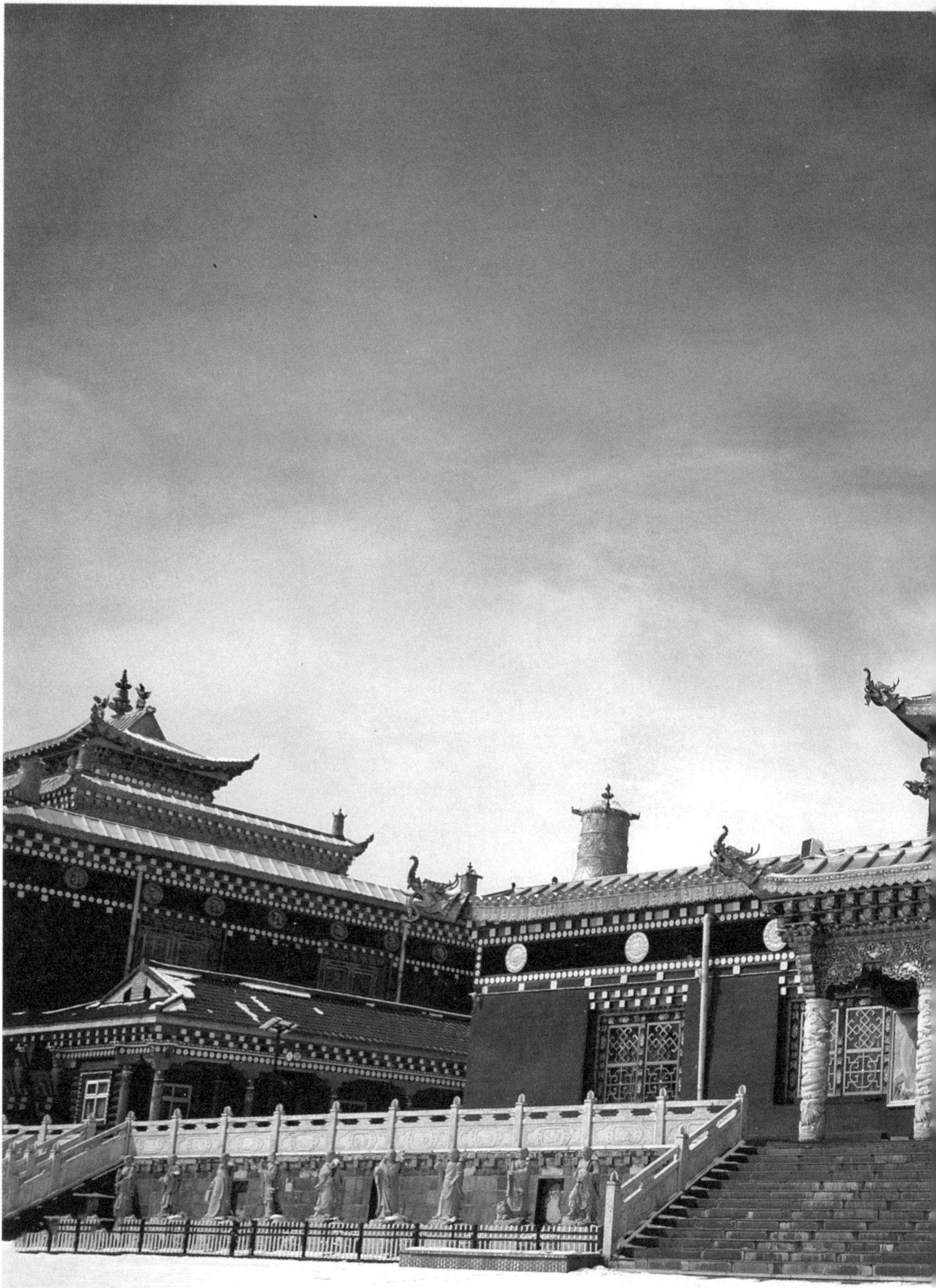

辑一
透过佛法看世界

在问"佛法能给我什么"之前,应该先问自己:"我想从佛法中得到什么?"

了解自己，了解世界

问：现在的社会，有时候狭隘极端的意见容易博取掌声，客观、冷静的观点反倒少人问津，好像正确的见地不再受到关心，这样的话，学佛能帮助我们更好地看待这个世界吗？

答：学佛能让我们更好地了解自己，看待世界。

我们对世界的认识由于受到自身视角的限制，往往是不全面、不准确的，而这种片面、有偏差的认识决定着我们对人对事的态度，所以我们总是不能很好地与人、与周遭环境相处，并为此而持续地感受着焦虑和痛苦。

佛陀当年初次给弟子们讲法，首先就是教大家去认识、体会生活中无所不在的缺憾、局限和矛盾，去看我们自身、我们与世界之间是怎样冲突不断、苦恼重重的，而这一切的背后是我们错误的态度和见地，我们想拥有、怕失去，我们为了自保而侵犯、攻击、抗拒,我们认为现象是孤立的,人我之间是界限分明的,自我是不容置疑的存在并且永远需要摆在一切考虑的中心。而事实上,事物包括我们自己在内都是无常的,没有什么能真正被保有,因而我们的抗拒、担忧乃至种种极端的情绪只是增加不必要的苦恼而已。如果能改变态度、澄清误解,那么不仅我们对世界的认识会更准确、完整,更重要的是,我们将因此而更快乐、更自在地生活。

佛法是很务实的,建立正确的见地,调整态度和方式,不是为了单纯地满足求知欲,以及获得认同和赞许,我们这样做主要是为了止息烦恼,获得安乐。

佛法中有系统完整的方法指导我们一步步突破自身的局限,扩大视野。学佛给我们更宽广的视角去看世间万象。宽广的视角在佛教中称为"智慧"。

视野宽了,就知道眼前这一事一物没有哪个是孤立存在的,它必有它的来龙去脉、前因后果,在时间和空间上,各个不同的事物、现象之间其实都千丝万缕地联系着。当你想把所有矛盾和问题都归咎到某一个人、某一件事上时,你会发现这样做很难。当你看见别人这样做时,你也能理解那种极端和狭隘是多么复杂的诸多因素共同作用的结果,包括家庭背景、社会环境、个人性格、业因果等等,而这其中的每一项又是由众多因素构建促成的,如此可以无穷解析下去。

有了这份了解,我们会变得宽容,因为即使是一个可恶的人、一件不合理的事,这可恶、不合理也是由许许多多的人和事共同造成的。反过来,由于知道有数不清的条件影响、限制、造就着人的思想言行,我们能更深切地体会到为人的不由自主和因此而感受的痛苦,悲悯之心便油然而生。

在佛法中,智慧和慈悲是一体的。智慧使我们的眼界和胸怀都更深广,慈悲使我们通过关爱、分享和分担,通过淡化人我界分,逐渐体会无我教法的精髓,而这些都能增强我们的幸福感。智慧和慈悲是佛法的核心,也与我们每个人的幸福密切相关。

学佛不是要让你的洞察力和行动力越来越弱,相反,佛法的闻思修使你能更敏锐深刻地看到问题,只是你不再像以前那样轻易就随之陷入憎恶、愤怒、怀疑、失望、爱贪等狭隘、极端而肤浅的情绪中。你的视野更宽广了,所以理解、宽容、悲悯。

诸恶莫作，众善奉行

问：现在社会中大部分人都不了解佛教，或者对佛教存在误解，如果请您用几句话向人们介绍佛教，您会如何介绍？

答：这是一个很大的题目，三言两语确实很难说得清楚。

在我看来，佛教的一大特点是有教无类，有求必应。佛陀根据众生不同的禀赋、性情、因缘，开示与之相应的法门，因材施教，善巧地引导众生解脱烦恼，获得安乐。八万四千，极言其多。众生有八万四千烦恼，佛陀便教以八万四千法门。众生的愿望诉求各不相同，而都能在佛法中找到适合自己的方法。

佛法的要义可以归结为诸恶莫作、众善奉行、自净其意。你一听这个，大概要失望了，这不是老生常谈吗？然而，很多道理，三岁小儿说得，八十老翁做不得。最简单平常的，往往既不简单也不寻常。

"诸恶莫作"可以说是小乘一切戒律的基础,其精髓在于不伤害。

"众善奉行"是大乘所有修行的核心,关键是饶益众生。

"自净其意"指拥有三轮体空的见解和证悟。

三轮体空,简单地说,就是无论作恶、行善,都是依缘而起,是主要、次要的种种条件具足后显现的相,这其中没有独立、恒一存在的施者、受者及行为,一切都是因缘的聚合与消散。正如《楞严经》中所说:"因缘和合,虚妄有生,因缘别离,虚妄名灭。"

然而,尽管没有可执持的实质,现象却不会随心所欲地出现或隐没,相的显现遵循着因果缘起的规律,丝毫不会错乱,所以了解"空"的道理后,还要谨慎地取舍因果,断恶行善。

自净其意,不著有无。以此清净心,诸恶莫作,众善奉行。这据我的理解是佛教最为根本的教义和修行方法。

同　源

问：在很多人的印象中，藏传佛教是挺神秘的，很多方面与汉传传统的佛教都不太一样，您认为普通人如何才能走近藏传佛教呢？

答：人们因为缺乏对藏传佛教的了解，才会觉得神秘。其实藏传佛教和汉传佛教一样，都是古代的祖师大德历经千辛万苦从印度传过来的佛法。

赞普松赞干布时期，佛法开始传入藏地。到公元 8 世纪，在赞普赤松德赞的祈请和护持下，以莲花生大士、布玛木扎、菩提萨埵为代表的大德们在藏地广弘佛法。从此，广博完整的佛法体系，尤其是密法，扎根雪域，枝繁叶茂，代代相传。

佛法分为两大系：声缘乘和菩萨乘。二者对空性的见解在广度和深度上有所不同，行者的发心也不同，声缘乘行者主要致力于个人痛苦烦恼的解脱，菩萨乘行者则从一开始就发愿为一切众生的究竟解脱而努力修行、圆满觉悟。因此，菩萨乘又称为"大乘"，见解广大，救度范围广大。大乘中的金刚乘，以巧妙、简单、特别的方法令行者迅速证悟本性，因其主要保存于被严格保密的续和相关的论，以及行者的实修诀窍中，所以又称"密乘"。

藏传佛教的理论和实修体系涵盖显宗、密宗两部分。显宗指四谛、四法印、空性、如来藏等法，密宗指金刚乘，由此可见藏传佛教体系之完备。

密法，尤其是大圆满法，是藏传佛教的独特之处，但不是藏传佛教的全部。实际上，修学密法最好要有显宗的基础，出离心、菩提心、空性的见解和修持都达到较为稳固的程度后，再开始修学密宗，才会迅速见到成效。

按照藏地的传统，修学者通常从闻思显宗的戒律、中观、因明（逻辑学）等入手，了解基本的佛法见解和修行方法后，再进入实修。行者的根器各异，实修的具体形式、方法和路径也会不同，不可一概而论。有些人由于宿世的因缘，这一世显现上并没有经过太多闻思，而直接实修，或者不经过显宗的修法，而直接进入密法，也都有成效。佛陀宣演的八万四千法门，正是相应不同根机而传讲的实修之道。闻思修当中，修行最为关键。闻思是为实修做准备的，只有实际去修才能真正解脱烦恼。

显宗、密宗面向不同根器的修学者，各有特点，本身无所谓神秘，但在根器不相应者眼中，会显得难以理解、领会。比如，一些声缘乘行者对大乘的空性见解和行为无法领会，而有的显宗学人会认为密宗的见、修、行难以理解。但不管自己是否能理解，都应尊重、恭敬，因为都是佛为帮助众生解脱痛苦而宣演的珍贵法教。

提问之前，先问自己

问：我们究竟是从佛那里找寻到内心的力量，还是在寻求庇佑，诉求各自的欲望？

答：在问"佛法能给我什么"之前，应该先问自己："我想从佛法中得到什么？"

人们的出发点各不相同，但总不出以下三类：希望生活安稳快乐、事业发达、家庭幸福等等；希望从根本上摆脱人生的烦恼痛苦，实现心灵的自由解脱；希望获得圆满的智慧，以更好地帮助众生。

绝大多数人都属于第一类，然而想福寿如意也绝非易事，因为实现这个目标的条件是你需要诚心正意、断恶行善。佛教中的人天乘便是教人们如何做一个善良、正直、有德行的人，在世俗社会中如何立己。

另一些人的志向却不同，他们愿意疏离世俗社会，放弃世俗社会的财富和享受，而专注于对治自身的烦恼，寻求个人的解脱。他们能够从佛教的声缘乘中获得指导和帮助。

还有一些人，希望所有众生都没有痛苦，常在安乐中。他们需要努力断除自身的烦恼和执着，并具备深广的智慧和善巧，才能够真正如愿地帮助其他众生。这种智慧和善巧在佛教的菩萨乘中有广泛的教导。

从佛法中能得到什么，首先取决于你自己的发心（也就是根本的动机），然后就看你能在多大程度上把佛法落实到自己身上了。

人活着

问：人活着，目的或者价值应该是什么？

答：我觉得这个问题的答案是不能被告知的，应该自己去思考、体悟。

就我自己的亲身体验而言，我从出生到慢慢长大，能够健康正常地活下来，一是依靠其他人的关爱，二是自己的求知。如果没有母亲的哺育爱护，没有其他人的劳动生产供我衣食和生活所需，我是无法生存的。如果我自己不卖力地学习走路、说话、认识和接触世界，我也无法成长。所以我知道，活着，是因为关爱和求知。

如果把关爱的范围扩大，由己及人及众生，那就是慈悲了。如果把求知的深度延展，由物而心，那就是智慧了。

问：佛是建议人生少经历，越简单越好，还是多经历，多看世态炎凉？

答：人一生的经历，概括起来就是：缘会即现，缘灭即散。因缘到了，不想经历也得经历；因缘尽了，想留也留不住。见多识广也好，阅历简单也好，实在都是各人的因缘，谈不上绝对的好与坏。若能把多看世态炎凉得来的那份睿智、简单生活养成的那份单纯安静地用在学佛上，就都是觉悟的助缘。

问：每一个生灵的住世都有时间限制，那么这个限制是如何确定的？谁来决定这一切？在这个世界上的时间长好还是短好？

答：根据佛法，众生一期寿命的长短是由自己造作的业决定的，非由某个凌驾于一切之上、拥有生杀予夺权力的恒一的神灵来决定。

比如杀生就会影响到寿命，依杀业本身力量的大小，短寿的果报会在今世、来世或更久以后显现。投生到哪一道、寿命几何，乃至生活中种种经历，都是业的体现。

在这个世界上的时间长好还是短好呢？首先，轮回六道中，人道是三善道之一，能够待在善道里，时间还是长些好，起码暂时不用受三恶道的罪苦。

其次，投生为人，有能力取舍善恶，创造善业的缘起，不像三恶道的众生，无力无暇行善积福，恶性循环，大多数生生世世都在由恶到恶中流转。做人的寿命长些，行善积福的机会就多一些。当然，如果不知珍惜，把这宝贵的人身用来造恶，活得越长，造恶越多，那又另当别论了。修行者对这种人会生起更大的悲悯，因为现在这个被浪费着的人身一旦失去，想再有修福修慧的机缘，遥遥无期。

问：如果每一个人来到世间都是孤独的，离去的时候也是孤独的，为什么不让他们中间经历的过程也一如既往地孤独？为什么让他们经历亲情、友情、爱情？为什么要体会陪伴的美好和离去的哀伤？

答：中间经历什么，看各人的因缘。比如严重自闭症患者，在生死两头间，也一直是孤独的。这样的人生经历是他们自己的因缘，而没有这种因缘的人则不会经历这些。同样，经历亲情、友情、爱情，也是由于相应的因和缘都具足了。生生世世纠缠不清的爱恨情仇、因果相续演到今天，又有了新的剧情发展。

问：人在世间走一遭的意义是什么？是来考试，赎罪，还是来修行？

答：人在世间走一遭，是来消受以前持戒修福的果报。虽说人这一生，福祸相倚、苦乐参半，福报、恶报都有显现，但总的说来，在轮回中能有苦乐参半、罪福同受的机会本身也是一种福报，因为如果投生饿鬼道、地狱道，连一刹那感受乐的机会都难得。

福报现前时，要懂得珍惜。说珍惜，一方面是要能领会做人的好，心里因而常有欢喜和感激；另一方面，是知道善用这现前的福报去积植德行，福慧双修。然而，我们往往是既不能领受自己生命中的好，只枉自在满心烦恼中消耗自己的福报；也不知趁现在有能力取舍因果的时候断恶行善，以福养福。福报现前时，愁苦；福报耗尽了，更愁苦。

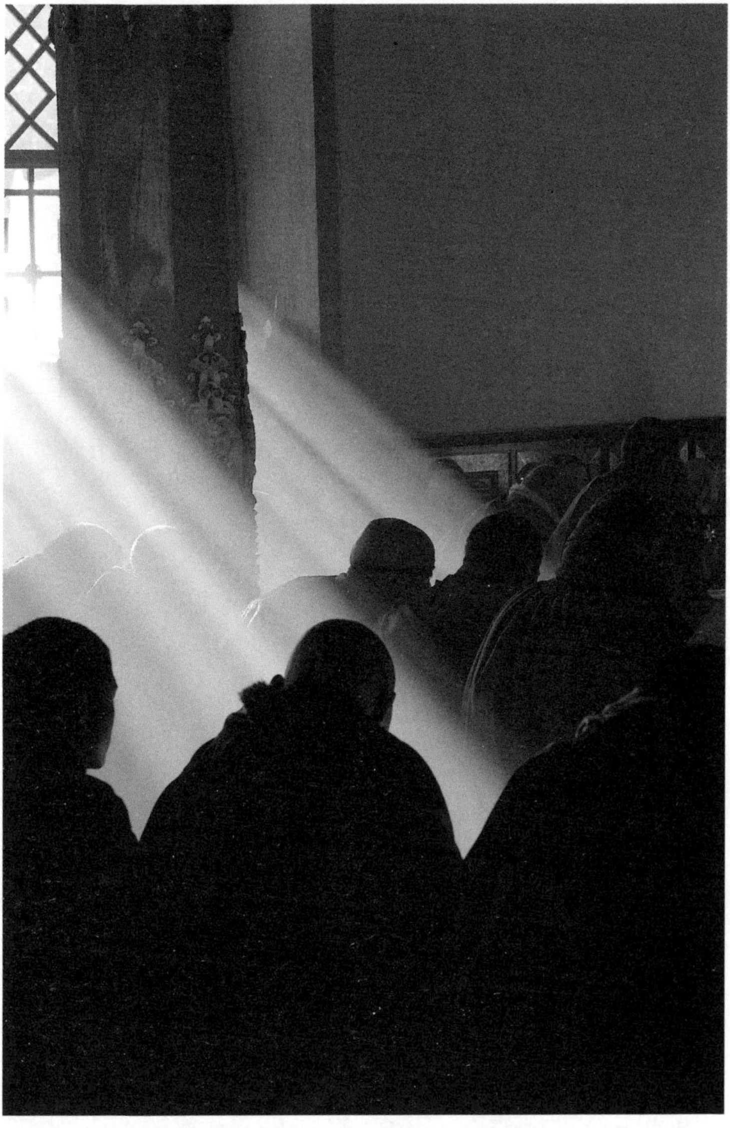

犹如昨梦

问：生为人的一生，若是一场梦，这梦里的一切花开花落、物是人非都是假的，不必苦心伤情，那么我们何必来做这一场梦？

答：昨天晚上你应该做过梦吧，你为什么要做梦呢？当然，不是你想做，是它自然而然就来了。或是日有所思，夜有所梦；或是某些陈年旧事，藏在潜意识里，遇上合适的境缘就浮现出来；或是生理障碍、四大失调，相应在梦中有不同的显现。总之，梦来了，你挡不住；梦什么，你决定不了。你身在梦中，只能随梦境转。

梦里遇到熟人，感觉又熟悉又陌生，既是他又不是他；重温往事，既是又不是。种种经历，悲喜希惧，都与往昔的所行所想、当下的身心活动关联着。

你在梦中的感受和醒时一样真实，哭是真哭，急是真急，梦里坐车也要买票，过河也要走桥，下雨要打伞……可是，当你正在如此"真实"地经历这一切的时候，那些车、桥、河流、晴雨，乃至草原上奔跑的大象等，都是不存在的，从来没有在你的卧室里或者其他任何地方真正发生过。

人生大梦和昨夜做梦，道理是一样的。什么时候你能做到醒梦一如了，人生这场梦醒来也就有望了。

拥有一切又如何？

问：佛祖成佛之前历经荣华富贵、爱恨情仇，才看破一切，放下一切。可世间凡人哪有机会拥有这么多经历，没有才生起博取的念头，博而不得，徒添烦恼。为何不干脆让众生心愿一瞬都了，如此不是更多人会有拿起、放下、看破的机缘？

答：放下，是对已有的不贪恋，对没有的不希求。

拥有不是放下的前提，同样是拥有的不多，有人能安贫乐道，有人连一根针也放不下；放下也不是拥有的必然结果，一些人有了能放下，一些人有了更放不下。

佛陀的示现告诉我们，即使拥有世人追求的一切，也并不能解决生命的根本问题。

问：为什么很多人做得到"得到",却做不到"放下"?"放下"为什么那么难?

答:"得到"主要靠的是福报,"放下"需要的是智慧。福报易得,智慧难求。进一步说,智慧需要更大的福报,而多数人的福报不够。

问：人自私的根源如果来自没有生存安全感的话,那么为什么生活越安全的人,越没有生活的安全感?

答：不安全感主要是源于对无常的抗拒和对自我的执着。如果没有对无常和无我的认识,生活越富足,拥有的越多,想留住、怕失去的也就越多,因此就越没有安全感。

智悲是同时生起的

问：自称能够看空一切的人，难道没有一件在意的事，没有一个在意的人吗？对于在意的，难道不怕失去吗？失去不会痛苦吗？

答：真正证悟空性的圣者不会自称看空一切，一来他们会努力隐藏自己的功德，二来看空一切不一定就是证悟空性。

证悟空性的智慧和慈悲是同时生起的。见到空性时，必然也生起无伪的慈悲。在圣者心中，每一个众生的苦乐他都关切在意。然而，这种在意不是我们凡夫的在意，我们只在意跟自己相关的人和事，在意"我"和"我的"。

如果没有强烈的"我"和"我的"观念，"失去"的概念也会淡化，人与事的远去，不再那样难以接受、无法释怀。

问：佛陀教我们慈悲与智慧，慈悲容易修炼，忍让即可，但智慧没有就是没有，怎么获得？

答：慈悲并不是单纯的忍让。首先，它需要有一颗柔和、开放、勇敢的心，能够体会他人的感受，并且愿意去分担和付出。其次，慈悲是心也是行动，给予、帮助、关怀、自律、坚忍……这一切都需要行动的魄力，不是懦弱的人所能做到的。

慈悲本身就是一种智慧。只有对自我的执着、人我的界分不是那么强的时候，才会有慈悲。你若去观察，会发现自私总是和愚昧在一起的，因为自私的人把自己同他人完全割裂开，眼里只有自己，从来没有想过自己的利益、安乐和周围的人是有关系的。有些人甚至连自己的未来也不是很关心，只顾着眼前的自己。这样的狭隘是因为过于执着自我。

在佛教中，智慧始于我执的淡化。这种淡化有程度之分，但都可以称为"智慧"。所以，怎么获得智慧呢？你当然不能什么也不做，干等，智慧不会平白无故从天上掉下来。你可以从慈悲开始，试着去理解、体谅、帮助，这是在日常生活中发展智慧的方法。

如果你是个足够认真的修行者，你还应该通过八正道去培养智慧。八正道是佛陀初转法轮时传讲的教法，分别是：正见、正思维、正语、正业、正命、正精进、正念、正定。

正见，即正确的见解，包括诸行无常、诸法无我、诸受是苦、十二缘起、缘起性空等。所谓修行，就是建立一个正确的观点，然后去串习。所以，建立正见是修行的第一步。

正思维是思考辨析正见。正语、正业、正命指言谈举止得当，生活习惯健康有度，生存方式正当。正念，指忆念正道。正定，指正确的禅定。

八正道可归纳为戒、定、慧三学。正语、正业、正命为戒；正念、正定为定；正见、正思维、正精进为慧。

十足的好人

问：我尊重学佛的人，相信他们都想做个好人，我虽然不信佛，但我确信自己能够做个十足的好人，甚至会比很多信佛的人做得还要好，这样结果应该是一样的，对吗？

答：你说要努力做个好人，我很随喜你。

信佛的人依各自不同的发心，趣入不同的乘。为求来世得人天福报而行善积德，是为人天乘。为求个人解脱痛苦而持戒修福，是为小乘。为一切众生离苦得乐并最终成就佛果，而誓证菩提，是为大乘。

发心犹如播种，虽然也同样地施肥浇灌，种子不同，结出的果实就不同。一样的道理，发心不同，虽然也持戒也修福，果报却不同。人天乘的果报是来世转生天道或人道，受用丰足。小乘极果是阿罗汉，断生死之流，得涅槃之乐。大乘缘佛果，最终将证得无上正觉。

如果你没有这些发心，就不会得到这些结果。

佛教修行最基本的要求是断恶行善，断恶指远离十恶业，即不杀生、不偷盗、不邪淫、不妄语、不恶口、不绮语、不两舌、远离贪心、远离害心、远离邪见。在此基础上，再行持相应的十善业。不用说解脱道，即使只求人天福报，也是要努力做到这些的。我不清楚你所说的"十足的好人"是否包括这些。

问：暂时没有皈依佛教的人，如何从行为上对自己进行规范和约束？

答：皈依佛门也要有因有缘，机缘不到，强求不得。一个人可以不皈依佛门，但是要想今生来世喜乐平安，须信因果，懂得取舍善恶。具体一点儿说，就是前一个问题中提到的远离十恶业，行持十善业。

十恶业涵盖身、语、意的部分造作，这里不再重复。与之相对的是十善业，比如爱护生命、布施助人、对婚姻忠诚、诚实守信、不搬弄是非、言语柔和、不东拉西扯说些无意义的话、不贪婪、不心怀怨恨、劝人行善、不谤因果。这其中有的是做人的基本修养，有的是道德底线，有的是身心平衡之道。

佛法中最为可贵的是解脱轮回、直指实相的教法，但并非人人都以解脱为人生大事，也并没有很多人能领受解脱之教。尽管如此，修习佛法尤其是业因果之理，仍然能带来实际的益处。业因果是世间现象的基本原理，若置之不理，言行与自然规律相违，只能是自招损毁却不知所以然。

相信行善得福、造恶感苦，并且身体力行断恶行善，这样才能自保平安、自求多福、自得其乐。

空谈理念，或者拿佛法做调节情绪、安慰精神的"鸡汤"，仅此而已的话，当时似乎是明白一点儿了、平静了、释然了，但过后还是不明就里地制造着伤害，因而枉自在苦恼中流转。

美丽的事物

问：美丽的事物究竟是引导人们向善的，还是引动人们"占有"的恶念的？比如看到一座美丽的山时，人们常常想的不是我要保护它，而是我要如何使用它。如果美丽导致邪恶，为什么要创造美丽？

答：在一些地方，看到一座美丽的山，多数人会以欣赏、爱护的态度对待它。在另一些地方，多数人首先想到的是如何用它生财。一个地区对某种事物的主流态度，更多的是受到社会环境、价值导向、教育等因素的影响。

美丑的观念是外境与人的取受、意识等共同作用产生的，事物自身并没有美或丑的固有性质，否则"美"的事物在所有人看来都应该是美的，实际上只有习气相近的人美丑观才会大致相同。既然没有离开人的意识活动而独立固有存在的事物的"美"，也就说不上美的事物到底是引人向善还是向恶。

向善向恶主要取决于一个人烦恼轻重的程度。比如,有人觉得是他人的美让自己生起贪执,因贪执而痛苦,其实他眼中的那个漂亮人儿在别人看来或许一无是处。你说是因为对方的美好让他痛苦,还是他自己的烦恼在制造痛苦?

有着共同的美丑观的人,有的见到美会想着欣赏和保护,有的则想占有和破坏,同样是见到美,态度却很不一样。所以造不造恶业,烦恼说了算,不全是美不美引起的。

你总不能要求所有人都变成丑八怪,整个世界一派枯朽荒芜,你才不起贪心、不动坏念头吧。若降伏了自己的烦恼,在哪里都能自在、良善。

所以有人天乘

问：可以说，正是人类的一个又一个欲望推动整个世界进步发展，如果一切欲望都停止、息灭，世界会变成怎样？

答：人类的欲望在推动世界发展的同时，也制造着一个又一个问题，所以佛教中人天乘的教法强调的是断恶行善。如果你的目标不是解脱轮回，而是希望在人道或天道生活得更好，就应该通过对治恶念恶行来停止给世界制造问题，同时通过善的欲望和积极的行为去推动世界的进步。

龙树菩萨的比喻

问：佛法教我们修行的终极目标是解脱，解脱是脱开世间的万般苦难、爱恨情仇、生离死别，那时我们剩下的是什么？我的意思是，当我们尝过了苦，才能体味甜；有了渴，才珍惜水；有了太阳的东升，才有西落；有失去的痛苦，是因为有拥有的欢乐。如果所有负面的、不好的一切都消失了，那么我们能体会到什么？解脱的去处是什么样子的？

答：一个人得了皮肤病，瘙痒难耐，挠一挠便觉得很舒服；如果他的皮肤病彻底治好了，自然会更舒服。这是龙树菩萨曾经讲过的一个比喻，用来回答你的问题很适合。

进与退

问：世间一日少不了竞争，佛法让我们宽容忍让，可是退可能伤害我们身边亲人的期待，进可能伤害别的竞争者的成功心，该如何抉择？

答：不管你学不学佛，都要讲基本的做人原则，守住了这些原则，再谈进退，再谈学佛。

什么是做人的根本？就是凭良心做事，不伤天害理，不损人利己。这个不复杂，也没有什么可商量的。若做到了，你尽可以在世间履行自己的本分，该怎样工作就怎样工作，凭正当进取、诚实劳动获得尊重、认可，以及财富、受用。佛法也没有禁止这个。佛法不要求所有人一沾上学佛的边，就必须放弃正在过的生活。

多数人学佛，重要的第一课是学习如何在世间的困惑乃至险恶中，懂善恶，知取舍，不失基本的人格操守。然而，一些学佛的人却没有认识到这一点，将人格修炼抛到一边，一开始就给自己提出太高的出世要求，可是修养没到那个境界，"无欲则刚"是强求不来的，结果是放又放不下，拿又拿不起，弄得自己很为难。

佛法教我们宽容忍让，这是需要一点一滴耐心修养的。有了足够的阅历和修养之后，很多东西你自然能看淡，得一少一，并不会有太大不同，所以你不争。不是为了讨好什么人，也不是怕得罪什么人，因为你知道成功、竞争者的成就感、家人的功利心，这些都是无常的，你苦心成全也不能让他们幸福。

家人的期望固然不能不考虑，但是人生宝贵而短暂，怎么活，为什么活，自己要对自己负责。对于真正爱你的人，你的平安快乐才是他们最大的期望。如果为了迎合家人而去做自己并不喜欢的事，你自己很辛苦，他们也不会快乐，因为你不快乐。想一想，这不是很遗憾吗？家人的期望并没有完全满足，而你的人生却在辛劳和不快乐中过去了。如此过一生，值得吗？

爱需要智慧善巧

问：如果为了保护一个人，而伤害或触及另一个人的利益，算不算得上是保护？

答：人们常常会遇到这种两难的困惑。生活中很多事情，哪怕只是小事，想做得完善些，也都需要智慧和善巧。在佛法中，善巧地帮助别人又称为"慈悲"。智慧和慈悲的修炼是每个人都需要的。

我们由于受到自身观念、情绪、经历、利益等因素的影响，处理问题时很难有全局的眼光。因为不能洞悉人与人、事与事之间深层微妙的互动关联，往往是想帮忙却帮不到要点上。

佛法中讲"无我"的见解和修法，即是教我们如何对治烦恼障碍，突破自身的局限。这样不仅自己更加自在快乐，也能更好地帮助别人，因为对自我的执着轻了，在为别人考虑时便能更纯粹、客观地从对方的角度出发，去权衡利弊。

而佛法中"缘起"的见解和修法，则教给我们宽广的视野和对现象互为依存的深刻信解，为人处世便能更敏锐地找到平衡点，并先于别人看到事态发展的趋势，而能因势利导。

对治自己的贪、嗔、痴烦恼可以说是利益众生、随顺众生的基础。

初学者当然还没有这样的能力，那么如何判断自己是否真正在帮助他人呢？发心纯正，真心为对方着想，这一点很关键。结果如何，则有赖于智慧和善巧。

至于为了实现一个"好"的目的，而在过程中给他人造成伤害，应该如何看待这种情况，我们在下文中有专门探讨，这里不再重复。

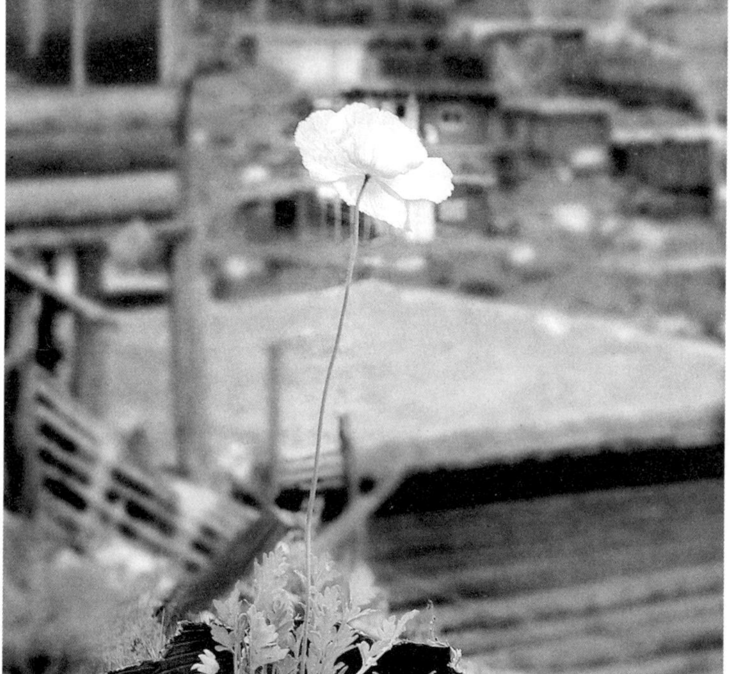

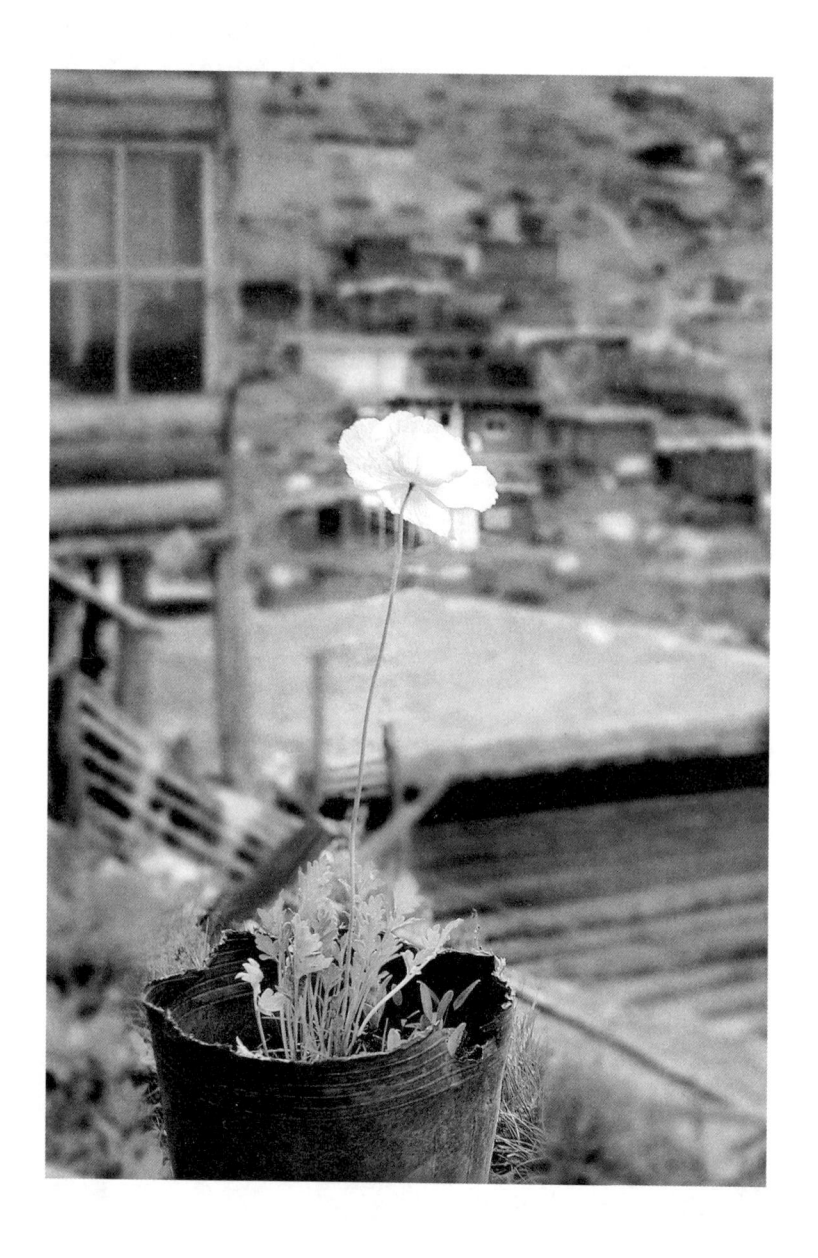

发心清净能减少伤害

问：遇到乞丐，想布施又怕被骗，该怎么办？

答：面对乞丐，不要急于表达厌恶或不信任。生活若真的优裕，没人愿意低三下四出来乞讨。就算是骗人，能想出用这种法子骗人，还不是因为穷？我并不认为贫穷就能作为造恶的借口，但是它能给我们一个宽容的理由。

一般人布施乞丐，多用的是零钱，纵使被骗被利用吧，又能损失到哪儿去？再说人生何处不受骗，何必要跟一个笑脸相向比你弱势的人计较。当我们在伸过来的空手中放下钱物，我们所做的不是布施就是供养，无论哪一种，都是自他安乐之因。

问：现在有些人利用人们的善心，拐卖儿童进行乞讨，从中获利。布施乞丐岂不是纵容犯罪吗？

答：我们做事是好是坏主要看发心，否则能做的事情真不多。布施乞丐就是在纵容犯罪，按照这个逻辑来说，大家平时吃饭、消费不就是在纵容造假吗？因为大家如果都不吃穿用度买东西的话，根本就不会有人挖空心思去制造毒大米、地沟油、假币之类从中牟利。

你不能要求大家都不去买米买油，以让那些造假者没有骗人的机会。很显然，这没有道理。吃饭是正当的，就像乐善好施一样，没错；有些人迫于穷困出来乞讨，也没错。错的是造假造恶的人，真正应该阻止和指责的是这些人。

在缺乏有效监管机制的情况下，很多事情要根据个人有限的知识和信息去做判断，的确很难，但是善行还是要继续。我们无法避免生活中一切的不善，而内心清净则能减少伤害。

培养孩子快乐的能力

问：现代儿童教育存在竞争攀比、鼓励自我表扬和凡事争第一，不然就是弱者、失败者，长大了也没出息的现象，而佛教却恰恰相反，鼓励人低调，吃亏了也不去争论，处处让着别人，凡事与世无争。那么请问，这样孩子长大了之后又该如何在这个竞争激烈的社会中生存？

答：鼓励竞争攀比、以输赢来衡量人生价值只是部分社会、一小部分人的做法，远不能代表现代儿童教育的全貌。给孩子一个宽松的环境，使其顺应天性地快乐成长仍然是主流。我希望为人父母者能够开阔眼界，看到这一点。

父母们有必要反省一下自己的人生观和对教育的态度。你自己把人生看作一场竞争，时常处于紧张、对抗和急功近利的心态当中，这种对人生的看法和态度到底给你自己带来了多少快乐？又让你真正有多成功呢？如果自己并没有因汲汲于得失胜负而获得更多的幸福，凭什么相信让孩子这样做就能幸福？

讲到教育，其实现在部分孩子缺少的是最基本的教养，像诚实、关爱、有礼貌、举止得体等等。没有这些做基石，仅仅强调技能、知识、功利心，孩子长大后有可能成为一个只知道生存而无力感受幸福的人，既没有多少能力让自己快乐，也没有什么意识让别人快乐，就算拥有优越的物质条件，也不知道怎样过上真正有品质的生活。

说到底，父母不都是希望孩子有一个安稳快乐的人生么？而安稳快乐更主要是来自一颗坚忍、乐观、包容的心。你们有没有教过孩子要坚强、包容，不论面对多大的困难都心怀希望和友善呢？

家教和父母的身教是儿童教育非常重要的组成部分，可是有多少父母想到要为孩子做榜样，并为此而不断提高自身修养？有的父母自己没什么自制力，简单粗暴、懦弱懒惰，也不爱学习，却要求孩子成为跟他们完全相反的人，这也太难为孩子了。

你也许会说：不是父母要孩子去比去争，是社会环境所迫。其实每个人都是独特的，有着属于自己的一份苦乐去经历，一段人生去感悟，是好是坏、是悲伤是幸福，都是自己的，没有必要跟别人去比较，也没有什么可比性。

就算退一步说，处在竞争攀比的大环境中身不由己，你也要搞清楚：争强好胜、自我表现欲，凡事不压过别人心里就不舒服，喜欢给自己和别人贴上赢家、输家的标签，这都是竞争心的表现，却不代表你就有竞争的实力。长远地说，一个人要在世间立足，靠的是学识、修养、才干；要得人敬服，靠的是道德、人品。这些不是要小聪明或一味地争强好胜就能有的，也不会因为待人宽容、处事低调就减少的。

  我总认为对小孩子最重要的是培养他快乐的能力，这样他以后不管走到哪儿，不管遇到什么，都知道怎样自得其乐。要快乐，就得学会宽容，会说：没什么大不了。能接纳别人的不好，也能接纳自己的失败，接纳生活的挫折和苦涩，这样的人是懂得与己、与人、与世界愉快相处的。

生病了

问：很多气功大师用所谓的特异功能给人治病，简单地摸一下就治好了，请问这是真的吗？这和请高僧大德或者活佛加持一下道理是一样的吗？如果真的这么简单就能治病的话，医院岂不是成了摆设？

答：大体上，罹患疾病有三种原因：一是外感，外受风、寒、暑、湿之患；二是内伤，用心过度或沉湎于酒、色、财、气；三是宿业，往昔的恶业、因缘现前。

有的病是一种原因引起的，有的是两种或三种原因共同引发，医治的方法根据病因而定。如果是宿业现前，则发菩提心、念佛超度，可以化解；如果是内伤，则要调整心态，断恶行善，同时配合医药治疗；如果是外感，则注意起居饮食合理有度，断恶行善，兼用医药。

佛法并没有教人生病了不去医院。佛法建议的是大家在医药治疗的同时，端正心态，调整生活方式和日常行为，两相配合，病才容易痊愈。

至于气功治病，我不懂，无法告诉你其中的虚实真假。

若是亲近真正的高僧大德，的确能得到殊胜的加持。圣者的悲心愿力、功德妙用是不可思议的。

无限的未知

问：不起疑，我认为不足信。疑了，然后求证，体证了，然后才能信。但是佛家又讲，不起信，不能得证。疑和信的关系究竟是怎样的呢？

答：关于疑与信的关系，以自然科学为例，现代人应该都相信科学，从小就接受科学教育，但在学习科学的过程中，你心里不可避免地会提出很多疑问。有疑问并不说明你认为科学不可信，信科学也不代表你对科学所有门类的知识完全通达，没有丝毫不理解之处，或者你对自然界种种现象不再有疑惑。提出疑问并努力寻找到答案，是学习中重要的一环，这一求索的过程会增强你对科学的信仰，而对科学的信仰也会激励你不断去提问、求证和发现。在这里，疑与信不但不构成矛盾，反而是互为促进的。当然，前提条件是你相信科学，如果你根本就排斥科学，认为科学是骗人的把戏，你就不会去学科学，更不会为了获得知识而提出疑问，你可能只会出于成见提出质疑批评，不为澄清问题，只为证明自己的封闭和排斥是对的。

对佛法的信和疑，与此类似。信，首先是一种开放的态度。愿意放下成见，换个角度看问题，才能有新的见识和理解。佛教说，唯信能入。其实不仅信佛如此，学什么都是这样。不揭开杯盖或者杯子是满的，都装不进去水。抱着开放和接受的心态，才能学到东西。

你相信佛陀的法教揭示宇宙、生命的真相，并不等于你立即就能理解并见到这个真相，你需要通过反复的闻思、提问、辨析、验证去启发自性智慧，使之流露显发出来。

问：佛教里的天人住在天上，以前古人没有条件上天，而现在有了宇宙飞船能够飞离地球了，为何没有发现佛经里面记载的所谓神仙天人呢？

答：据说人类目前可以看到的物质不到宇宙总物质量的百分之十，而宇宙中百分之九十以上的物质含量是人类还没有认识的暗物质和暗能量。我并不是说天界是某种暗物质、暗能量，我只是想说，有了宇宙飞船以后的人类对世界、对宇宙的了解仍然是很有限的，所以要保持谦卑以及探索未知领域的热情，而不必急于用有限的已知去否定无限的未知。

唯信能入

问：对三宝的信心与迷信有什么分别？我的信心没有其他人那么坚定，通过自己的修行能提升吗？

答：我不是很清楚所谓"迷信"具体是什么意思，在这里只能讲一讲对三宝的信心是怎么回事。至于它与迷信的区别，请你自己判断吧。

对三宝的信心一般可分为三种：清净信、欲乐信、胜解信，或者说是信心的三个层次。

有的人天生就对佛教有好感，有亲切感，见到佛像、经书、寺庙、僧侣、僧衣等，或者听到佛陀、大德的生平事迹，或者听人讲解佛法，心里就欢喜、感动、仰慕，自然而然就相信三宝的功德和加持。他们对佛法或许还知之甚少，却对三宝怀着发自内心的爱敬。这种信心建立在单纯、清净的情感基础之上，所以称为"清净信"。

欲乐信是指自己也想成为像佛陀、菩萨或倾慕的上师那样具有种种功德、庄严，或者听闻到佛法而愿意按照教导去做，从而获得正法的功德，比如听到轮回恶趣的痛苦之后，生起想摆脱远离的心；听到善趣、解脱的安乐，生起希求的心；听闻善恶取舍的道理后，生起想行持善法、断除恶业的心等等。这时，对三宝的信心不只是欢喜、爱敬，而且还进一步希望自己也能拥有三宝那样的功德。

胜解信是在深入了解三宝的不共功德和加持之后，从内心深处生起信解，确信三宝是自己走出三界迷途唯一的依怙。此信心不可动摇，不会因情绪、时间、地点、经历的变化而退转。这时，三宝不再是存在于外部、供仰慕的对象，而是越来越与我们的自心融合，成为自心中的安乐和力量之源，并将最终与我们的心无二无别。

从清净信到胜解信，我们对三宝的信心越来越富有理性。普通人的心是如此易变，基于纯感性的信心虽然也很好，却不够坚忍、深广，不足以持续地激励我们采取行动去实践佛法，为解脱轮回而奋力修行。佛陀也曾开示说不要让情绪、偏好主导对佛法的信心，而应通过闻思修去检验佛陀的教言，由闻思而了解教法，由实修而获得证法功德，在闻思修的基础上建立起对三宝的坚定信心。

信心是开启修行之门的钥匙，修行也是不断增上信心的过程。大多数人刚开始对三宝的信心都比较偏于感性，这没关系，实际上能对三宝自然生起欢喜之心，是往昔积累了巨大善根的结果。若自己或他人有这种清净的信心，我们应当真诚随喜。以后随着闻思修行的深入，再不断巩固信心，使清净信增上为胜解信。就像聚光镜把阳光聚于一点使稻草燃烧一样，无伪的信心能把三宝无处不在的加持在我们心中聚焦，点燃我们内心智慧与慈悲的灯火。

《华严经》云："信为道元功德母，长养一切诸善根。"信心使痛苦的彻底止息、智慧的圆满显发成为可能。

如果心愿没有达成

问：当一个虔诚的信徒殷殷许下的心愿没有达成，可能会对佛法生起失望和退心，怎样来说服他们坚定对佛法的信心呢？

答：闭上眼睛许个愿，然后希望再次睁开眼时，梦想就成真了，孩子们会这么想；而如果一个成年人认为自己所有的愿望都必须实现，并且要无条件、马上、实现，否则就觉得自己被亏待了，这是心理不成熟的表现。

生活中哪能总是称心如意，求而不得是常态。学佛，首先要认识这一点。

佛法为什么可贵？不仅是因为它能帮助你实现愿望，更是因为当你的愿望落空时，它能引导你放下失望、恐惧和执着，教你透过不圆满、不稳定的流转现象，感受到喜悦清净。

愿望的达成，就像所有现象的生起，需要因缘具足。甚至连孩子都知道，许愿之后，自己要努力做个好孩子，愿望才可能实现。

我们需要以自己行持善法的功德回向，以此作为达成心愿的缘起。比如，我发愿磕一万大头，以此功德回向，希望某人的病痊愈。那么，我的发愿和实际磕一万大头的行为，是缘起，是助缘，会有助于病人的痊愈，但真正是否痊愈还受到其他因素的影响，比如医药治疗、护理、病人自身的心态、身体状况等。如果你什么都不做，只是像说"芝麻开门"一样在佛前说"让某人的病好起来吧"，希望他应声就好，是不现实的。那扇"芝麻门"只在童话故事中被打开。

愿望的达成，除了现在的努力外，还要有往昔的因缘。以前，有一位住山的修行人非常贫穷，一无所有，于是他开始观修单坚护法神，结果真的修成了，他能像跟普通人交谈一样同护法神交谈，但他仍然很穷。单坚护法神对他说："因为你往昔没有种下多少布施的因，现在就很难有受用丰足的果报，我也没办法。"一天，他在乞丐的行列中得到一碗稀粥，回来后单坚护法神问他："今天我给你悉地（祈祷的成果）了，你知道吗？""我只得到一碗稀粥，不仅是我，所有的乞丐都得到了，不知您所赐的悉地是什么？""盛粥时，你的碗底落了一大块油脂便是我赐给你的悉地。"如果自己没有通过布施积累福报，就算是修财神法也不能消除贫穷。佛门有求必应，而你需要有足够的福德才能感受到加持。

祈祷、发愿……这些都是在创造缘起，是在种下新的因的同时，创造积极的条件去引发往昔的因，使之结出积极的果。佛法不是魔术。

如果你能放下傲慢和猜疑，放下跟佛菩萨做交易的心态，以及这样那样的小算盘、小心思，真正心悦诚服地祈祷三宝，这份诚敬信心的福德一定有助于你心愿的达成。

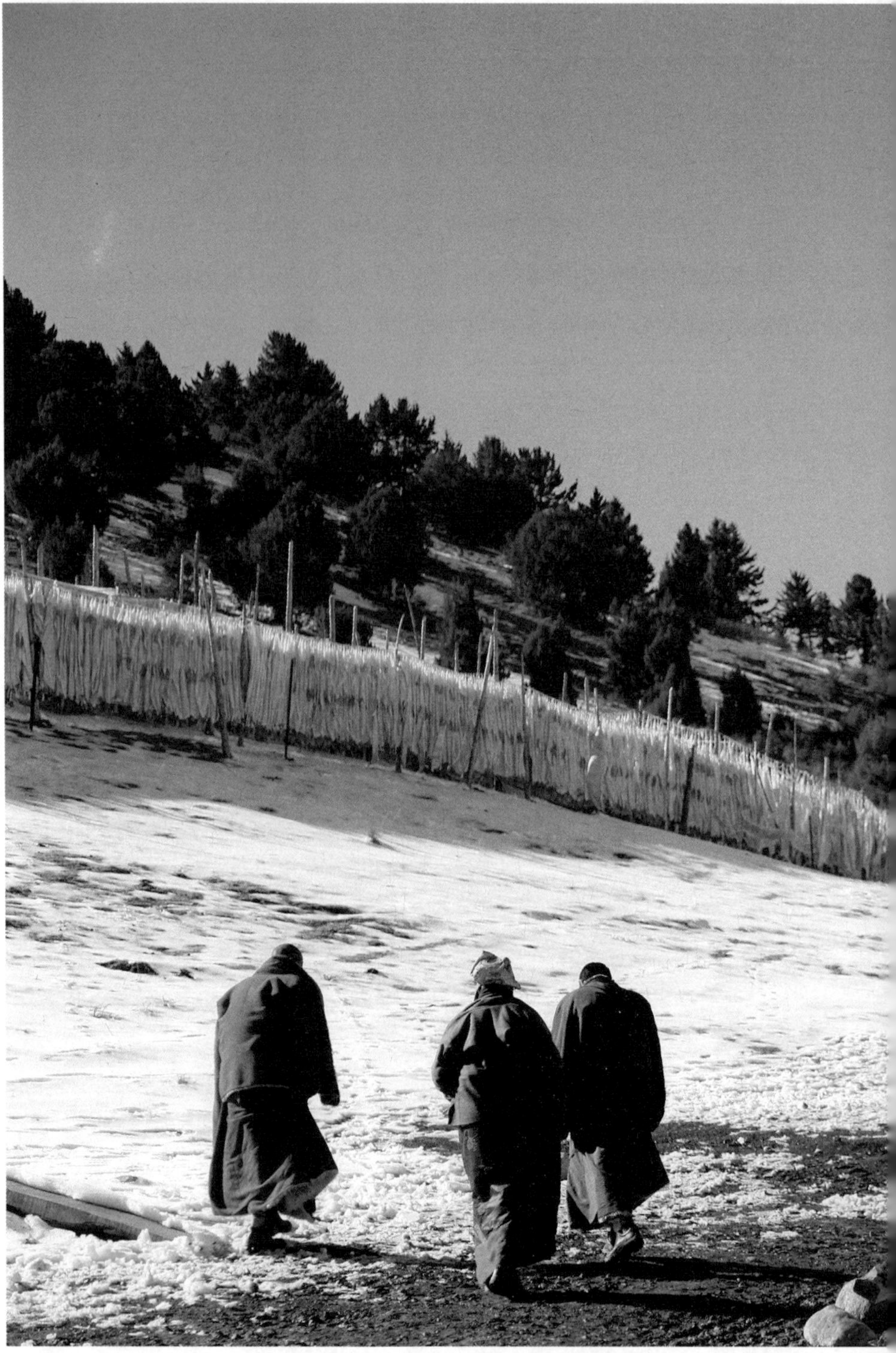

辑二
个人修行与社会生活

寂天菩萨说过：在整个大地铺上地毯是不可能的，然而只要穿上鞋，我们就能免受荆棘砂砾之苦。

尽在缘起中

问：如何思考我与外界的关系、自己和未来的关系？怎样才能从更深层面去思考一些问题，而不是简单化地给出答案？

答：世间万物万象皆相依相待而存在。任何一法（人、事、物、现象），都或远或近地以一切法为缘而生住；一切法，也或远或近地以任何一法为其生住之缘。佛经中说："此有故彼有，此无故彼无，此生故彼生，此灭故彼灭。"诸法互为缘起，这个佛教最基本的原理在思考我与外界的关系、现在和未来的关系等方面能够提供有益的参考。

每一件事的发生都是众多因果关系共同作用的结果，现象背后的成因极其复杂，所以不可武断、简单化、孤立地看问题。事物普遍联系，相互依存。我与外界的关系便是这样。

我们的生活是因因果果的前后相续。若问前世因，今生受者是；若问后世果，今生作者是。不仅三世迁变如此，昨天、今天、明天也是如此。时时刻刻尽皆如此。每个当下都带着过去，含着未来，在确定中又蕴藏着无限的可能性。

道理说起来很简单，但真正重要的是在身心中去体会，看到"法"中所讲的是如何正在自己身上发生着。

个人与时代

问：个人和时代是怎样的关系？这其中存在矛盾吗？时代的束缚是否是个人无法解脱的根源？

答：我想这个问题用佛教名词来说，主要就是个业与共业的关系，以及人是否能摆脱业的束缚。

并不存在独立、自有的共业，共业只是无数交汇在一起的个业。因缘具足的时候，需要感受相似果报的众生面前会显现共同的果报，表现为一个共同的时空，也就是一个时代和社会。就每个众生而言，在共业的时空里，他们仍然感受着各自的业因果，所以个体无法解脱的根源在个业，在自己身语意的造作，而不在时代或社会。时代、社会并不是自有的存在，它只是无数个体的思想和行为的会合，在个体的身语意业之外，找不到单独存在的时代或社会。

业的力量虽然强大，个体却并不是只能被动承受。承受当然是必须的，自造业自受报，各人循业流转，无可代者，但是在承受已成熟的果报之同时，个体仍然有机会去改变因缘，进而改变未成熟的果报。

身处某个时代、某个社会，对于其中的问题，一味指责或袖手旁观都不会有帮助。要知道，那些问题、趋势的形成，每个社会成员都出了一份力的。你带着你的业、你的习气、你的因缘，来到这个时空里，强化着共业的种种特征和力量。

而要改变时代、改造社会，我们需要从自己做起，也只能从自己做起。个业改变了，共业才会改变。如果你希望在一个诚信、祥和的社会中过着有保障、有尊严的生活，那么你自己就要先做到诚信、平和、理性、尊重他人。

我们每个人身上都有着强大的惯性，身心活动一直是按着某种固定模式在周而复始，细观察下，我们很多的言行、思想乃至心念都会给现在和未来的自他带来伤害。我说的伤害是指会让人经历、感受痛苦。根据佛法，改变这种循环的外力有二：一是反省自己的行为，清醒地认知它们的性质和后果，对于已造成或将造成伤害的行为生起真诚的悔意，并下定决心以后无论如何不再重复同样的错误，这叫"忏前戒后"。再通过持续的觉察，在平常生活中把这份认识和决心落到实处。二是根除对自我的执着，证悟空性，现见诸法实相。

我们看到，在不同时代和社会，有识之士们，有着理想和抱负，对社会、对现象有着敏锐观察、深刻思考，他们在寻求个体解脱、共同幸福方面所付出的努力并不总会有结果，究其原因，恐怕跟上面讲到的两个方面都有些关系：对自己的思想言行所涉的因果没有真正深入的认识；对自我很执着，坚信我以固有实常的方式存在，我很重要，我的一切都很重要。

个人解脱的根源在于净化个人的身语意业，更进一步说，在于息灭个人内心的贪婪、嗔恨和执念，而不在于外部的环境。寂天菩萨说过，在整个大地铺上地毯是不可能的，然而只要穿上鞋，我们就能免受荆棘砂砾之苦。同样道理，只要内心没有了贪嗔痴，我们就能免受外界的侵扰，从痛苦中解脱。

大乘佛教行者在解决了个体解脱的问题后，再次回到个业与共业的关系这一点上，把特定、有限的时代、社会扩大为十方三世，尽法界遍虚空，发愿通过自己的修行，以自己清净的身语意业之力，去帮助所有众生离苦得乐。

每个人的生命都或远或近地是其他人、其他众生生命的一部分，所以你的苦也是我的苦，你的局限也是我的局限，而我的愿、我的修行、我的清净善业也指向你的安乐清凉。

自　律

问：佛教强调自律，那么还要不要去制止恶的发生呢？一味的自律不是纵容了恶吗？

答：佛教的自律是指为了不制造伤害而自觉地远离身语意的恶劣行为。对神智正常的人来说，言行主要受思想意识控制，所以远离意的恶业，身口业自然就会清净。意的恶业概括为贪心、害心、邪见。时刻提醒自己对治贪心、害心、邪见，可以有效制止自己身心上恶的发生。

首先，就外境的恶或者说他人的恶行而言，要看具体情况。在你看来是恶劣的行径，在别人眼里不一定就恶劣；在正常情况下被认为恶劣的言行，在某种特定情境中可能就不恶劣。在一个社会、一个时代、一群人当中被认为是恶的，可能在另一个社会、另一个时代、另一群人中就不是恶的了。如果全凭自己的情绪和成见，凡是自己看不顺眼的、与自己的价值观不一致的，就认为是恶，应该予以制止，这是不合理的。自律"律"的正是这种"一切以我为标准"的心态。

其次，为了避免造成伤害而制止他人的恶行，与对治自己的贪嗔痴一点儿也不矛盾。我们不是非要借助贪嗔痴才能去阻止别人造恶。比如，我们小时候做坏事会被父母喝止，父母的呵斥是出于爱护而非出于嗔恨之心。法官不必对疑犯满怀仇恨、怒发冲冠，才能公正严明地判案。有些人脾气率直，路见不平便大吼一声出手相助，这种英雄好汉的形象可谓深入人心，但是我们不能因此就简单化地得出结论，说意气用事、敢对人拳脚相加、恶语相向，才是有正义感的表现，而冷静克制一点儿的，就没良心、没骨气。

自律主要关乎个人修养。越是在文明、法治的社会中，自律与惩恶扬善越不矛盾。

从我做起

问：文明和法治是自律的必然条件吗？如果没有文明和法治的保障，人就会丧失根本的信心。最近看到个别因为个人没有得到公平对待而报复社会的举动，这些矛盾如何解决呢？

答：两者是互为条件的。在一个大家都为所欲为、不顾后果、"我"总有理的社会里，建立法治很难，而没有法治的保障，人就会因为严重缺乏安全感而更加只顾眼前，试图用生硬和残忍来保护自己。

我不是社会问题专家，对此也没有深入的思考。不过我想每个社会成员都可以从自己、从细微处着手，现在就开始反省和改变，并且在力所能及的范围内去帮助。虽然建立制度将更为高效地解决问题，但制度的建立不是一朝一夕能够完成，它需要很多人的觉醒和努力。在推动建立制度的同时，我们不要放弃个人层面的帮助、改变。很多极端的行为在爆发前，其实有无数的机会可以去改变它的缘起。这些机会在你我手里。

唯有善能制恶

问：善与恶的对决，常常是"恶"胜，因为"恶"习惯牺牲别人，"善"习惯牺牲自己。可这样的循环往复，岂非善的力量越来越弱，恶的力量越来越强？

答：善与恶来自我们每个人的内心。如果多数人都是善念少、恶念多，那么外在的大环境就会表现为恶性循环。

佛经中说，末法时代的南瞻部洲是善少恶多之地，这里的众生福报浅薄，行善的机缘少，造恶的方便多，因果所感，生存环境便越来越恶劣，受用资源越来越贫乏，众生的样子也变得丑陋，疾病、战争、灾难蔓延……在这样一个世界里断恶行善、自觉觉他有多难！

释迦牟尼佛往昔在因地修行时，发愿将来到南瞻部洲度化众生，他的道友们得知后都哭了，既是为他的勇气和慈悲感动，又是心疼他将要经历难以想象的艰难。

然而，唯有善能对治恶，正如唯有光明能驱散黑暗。在南瞻部洲行善、持戒，正因为难，一旦做到，解脱烦恼和痛苦的力量也就越大。

问：佛教中常说的"五浊恶世"是什么意思？

答：浊，就是污浊。五浊指命浊、劫浊、烦恼浊、见浊、众生浊。

命浊，是说寿命衰败，人的寿命越来越短。佛经上说，劫初时，人寿万岁，后来由于烦恼丛生，杀业日重，人寿便逐渐缩短，到现在人寿不到百岁，以后还会越来越短。

劫浊，享用衰败。生存环境恶化，水、空气、土壤污染严重，食物越来越没有营养和精华，衣食住行越来越低劣和有害身心。

烦恼浊，在家人的善法衰败。个人修养丧失，社会道德下滑，善恶不分，基本的良善观念越来越淡薄。

见浊，出家人修持的善法衰败，见地颠倒。能够理解和传讲佛法的人、认真学习和思考佛法的人越来越少，实修被摈弃，热衷于空谈。

众生浊，众生的身体衰败。形貌丑陋、恶臭随身，各种各样的疾病层出不穷。

当学佛成为时尚

问：如何看待现在学习佛法成为一种时尚和流行？

答：对佛法有兴趣，想了解，这很好，我衷心随喜。其实，即使不求解脱，而只想今生来世过得顺利快乐一些，从佛法中也能得到很多启发和帮助。学佛能让你更喜悦、更有智慧地生活。

然而这里要提醒大家一点，佛法虽然能用来解决世俗生活中的很多问题，但这并不是佛法的全部。不要以为把佛法运用到日常生活中去舒缓压力，帮助度过情感、健康危机，摆脱工作困境，化解家庭纠纷，让生活更和谐、更称心如意，让我们对自己更满意等，就是佛法的最大价值所在。

佛法更重要的是它出世间的一面。出世间，不是说一定要在形式上从社会中抽离出来，关键是内心放下对得失、苦乐、称讥、赞毁的希望和恐惧，厌离这生死疲劳无尽循环的游戏，为此而勤修戒定慧,息灭贪嗔痴。佛法中解脱道的法教——声缘乘和大乘(其中包括金刚乘),基础都是此出世心,或称"出离心"。舍出离心而谈佛法、学佛法,怕是只能触及佛法的皮毛而已。

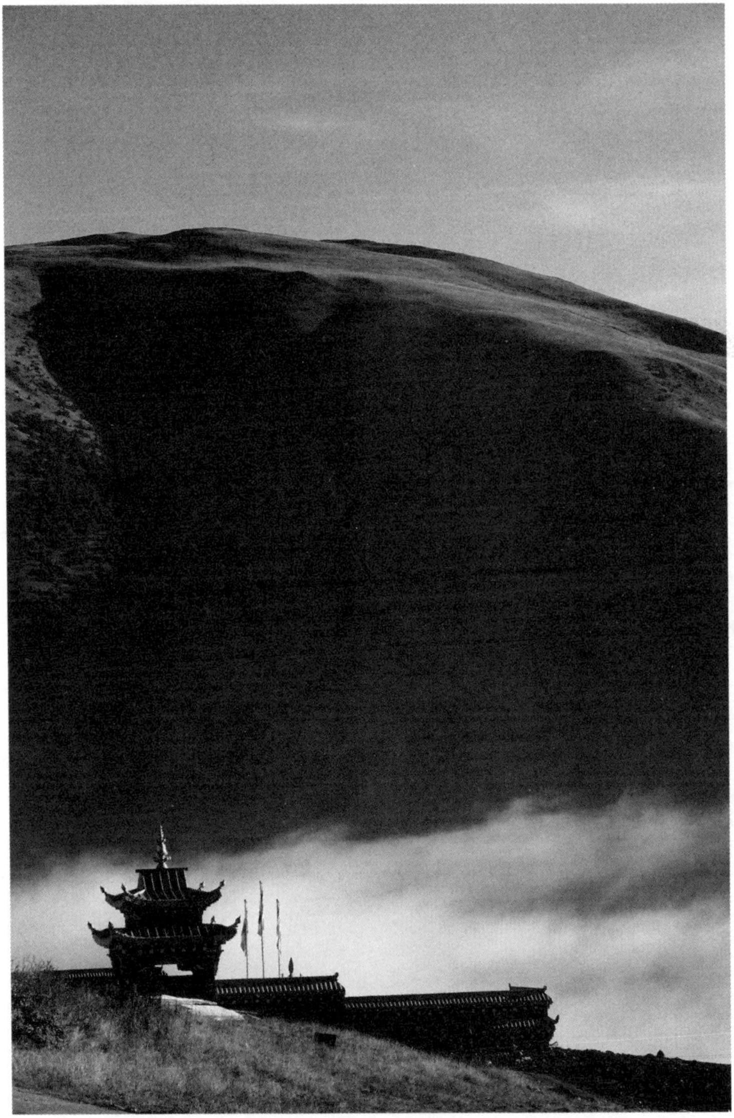

戒定慧是佛法修行的全部

问：戒定慧对于现代社会有什么意义？

答：现在有一种比较流行的看法，认为随心所欲，根本不需要约束自己，不用放弃任何享受和俗世的追求，就能领受佛法的真谛。这是对修行莫大的误解。

戒定慧是佛法修行的全部。在价值观和生活方式越来越多元化的现代社会，持戒是否现实可行，是否有意义？让我们先来看看什么是戒律。

戒律常被误解为束缚，其实不然。戒律指适当的行为，持戒是在适当的时候做适当的事，从而避免给自他带来伤害、痛苦。留意观察言行，我们会发现自己总是在错误的时间、地点做错误的事，像一只闯进瓷器店的大象，把周围弄得一团糟，自己也伤痕累累。佛陀慈悲地教我们应该怎么做才能协调起来，不再因为笨拙而受苦。

我们可以把持戒理解为一种自律，自觉地检讨、克制那些会给自他带来痛苦的身心活动，这无论从个人修养还是从社会共建的角度来说，都是有意义的。

　　对大多数人而言，讲到戒律，也许主要涉及的是居士戒。居士五戒，戒的是杀盗淫妄酒。不杀，体现的是仁爱精神。远离不予取的行为，不是自己理所应得的，不取，这是义。世人所说的不取不义之财便是这个道理。不邪淫是礼。不妄语是诚信。饮酒会扰乱神智，让人失去控制力和觉察力，导致行为颠倒、言语失常，这是不智。由此可见，持居士戒也是在修身处世。如果能在出离心的摄持下持这些戒律，那么不仅积累了人天福报（养成贤善的人格，受人尊重信赖，受用丰足），而且还创造了解脱轮回、彻底止息痛苦的因缘。

　　有了健康的行为和生活方式，身心便会逐渐调达，这时才有定的可能。定指不为所动，这实在是现代社会的人很需要的一种素质。

　　如果一个社会里大多数成员都相信因果、去恶行善、有精神信仰，那么社会矛盾、社会问题就会减少，整个社会的氛围就会越来越安宁有序。

学佛的基础

问：修行听起来极其艰深，在现代生活中我们该如何面对不健康的生活方式和精神状态，又如何修行？

答：不要用神秘的眼光看待修行。修行的目的是为了远离痛苦，获得安乐，其实这是我们一直试图去做的事，只不过因为方法不对，往往适得其反。现代生活中许多不健康的生活方式就是例证，人们以为这样生活会更快乐，更有安全感、满足感，实际上却只是增加了痛苦和伤害，在不安全、不满足的循环中越陷越深。佛法的修行，简言之，就是学习以正确的方法，创造正确的条件去实现自由安乐。显而易见，这是在普通人的平凡生活中也可以去做的一件事情。

每个人的因缘、喜好、性情不同，面临的问题、希望达成的愿望也各不相同，所以佛陀相应教授了不同的方法，来帮助大家消除不同程度的困惑、苦恼，实现各自希求的安乐，佛法因此而分为不同的乘。具体如何修行，取决于各人的根器和愿望，但无论怎么修，先要打好一个基础。

佛法修行的基础是什么呢？是贤善的人格。更简单一点儿说，就是要有一颗善良的心，不会存心去伤害，面对困境不会轻易失掉心中的善意。这对修行者来说实在很重要。不伤害使我们逐渐远离恶业，而心中常怀善意使我们从容、坚忍，不论在怎样的境遇中都能发现、分享美好和快乐。

修行是不断突破自我局限的过程，我们的内心需要足够柔软、开放和坚定，否则将举步维艰。

现在社会中一些现象让人困惑、无所适从，但如果我们能保持内心的善良，守住不存心伤害这条底线，那么很多问题就变得好把握和取舍了。或许我们没有堂皇的说辞，但至少我们在尽力避免制造伤害和混乱。

大家平时可以检视自己的内心，看看自己是否不存害心、常怀善意，如果没有做到，就要提醒自己。这是修行的开始。不妨把日常的工作、生活当成训练开放内心的平台，把遇到的每一个人看成是自己培养善良品质、完善人格修养的一个机会。在佛教中，我们常说众生是修行人的福田。我们有幸值遇的每一个生命，都能帮助我们培植福德，收获安乐。借由他们，我们的生命才更丰盈。

在见解方面，如果能对无常和因果生起坚定的信解，我们便能更好地面对种种不健康的精神状态，像焦虑、愤怒、嫉恨等。之所以说不健康，是因为它们具有破坏性，在损害自己身心的同时，也常常伤及他人。

为什么说无常和因果的见地在这方面会有帮助呢？现代社会最为普遍的心理状态是焦虑和孤独，因为竞争的加剧、生活节奏的加快、社会分工的细化使人们更加强烈地感受到无常和孤立，无法再像以前那样习惯性地忽视、逃避无常了。其实人们对于无常的态度从一开始就是矛盾的。对自己喜欢的人、物、状态，希望恒常不变；自己不满意的，希望尽快改变。然而因缘和合的事物都是无常的，我们的生活就是一幕幕因缘的聚散，生老病死，变化的相似相续。人们以为是无常带来了痛苦，其实是我们对无常的态度，是我们的希望和恐惧，让人持续处于焦虑中。

事实上对于无常，我们别无选择，只能接受，因为无常就是生活。年轻的会衰老，相聚的会离散，拥有的会失去，登高会跌重，亲的会疏远，爱会成怨恨。就是这样。不是只有你在经历这一切，所有人都在面对无常。抗拒或挽留，终归于徒劳。认识到这一点后，我们不再那样强烈地感到孤独和委屈。这对于缓解焦虑、愤怒、嫉恨等情绪会很有帮助。

从积极的方面看，因为无常，一切才有改善的可能。无论我们现在多么无知、狭隘、混乱，只要按正确的方法努力去做，我们就有可能克服局限，为自他带来切实的帮助和安乐。

什么是正确的方法呢？最基本的就是正确地取舍因果。因果是现象自然的规律。普通人由于局限，只能看到因果的无尽相续中的某个片段，所以对因果的判断常常是不对的。只有圆满觉悟的佛陀才无误了知因果，他慈悲地告诉人们什么行为会带来什么后果，我们可以据此决定自己该怎么做。如果要从根本上远离不健康的生活方式和精神状态，我们就需要断恶行善。远离灾殃、自在喜乐，终归是要身心正直、行宽心和才行。

做到以上这些，算是有了点儿基础，可以开始较为深入地修学佛法了。

他自调心，何关汝事？

问：济公和尚喝酒吃肉，所谓"酒肉穿肠过，佛祖心中留"，佛法不是重心吗？心里面有不就行了，你们佛教徒又何必天天磕头念佛这么在意形式呢？跟大家一起平常生活，心里面有佛不是也挺好的吗？

答：你能不能什么也不做，什么也不想，就那么坐着，待几分钟？试试看。通常，没有经过禅修训练的人是很难做到的，哪怕只是几分钟。管住身体，管住心，谈何容易！

有些高僧大德示现与众不同的行为，但他有他的证悟境界，不是普通人能够揣测的。以前，禅宗二祖慧可大师把衣钵交付给三祖后，混迹于酒肆屠门、花街柳巷，到处乱跑，比济公和尚还有过之。有人不解，问他："你是禅门宗师，怎么到那种地方去？"大师讲了一句话："我自调心，何关汝事？"你看他是在喝酒吃肉，他实际在做什么，你哪里知道。

若真要学慧可大师，那么应该完完整整、从头到尾地学，他怎么一步一步修过来的，你也怎么修。大师早年是声名远扬的大学者，后来又打坐八年，学问修养好，禅定功夫好，已经不简单，但他仍然觉得没有入道，便去求教于达摩祖师，在雪地里站了三天三夜。达摩祖师硬是不理会，说："佛法是旷劫精勤得来的无上大法，岂是在雪中站几天就能求到的？"慧可大师一听，挥刀把手臂给砍了下来。这种求法的热忱和性格的果毅，不是后世人所能想象的。大师依止达摩祖师多年，精勤修持，终得衣钵成为禅宗传到中国后的第二代祖师。

我们不要只看到公案故事里的诙谐幽默、不拘小节，却不知道故事的主人公们为求法、学法曾经怎样地千锤百炼、舍生忘死。

至于"跟大家一起平常生活，心里面有佛"，是挺好，不过要相信因果、断恶行善，否则心里有佛只是空话。

看似普通的生活

问：禅宗说行住坐卧、衣食住行皆是禅，请问是不是说只要正常生活就是禅宗了？看其他宗派有人一天到晚就是念佛，还有三步一拜、九步一叩地去朝山，那么累干吗，不是折腾自己吗？

答：如果按你所说的正常生活就是禅，那满世界的人岂不都是明心见性的了？显然不是这样。

以为禅宗是不教而得，或者只一味在行为言语上作癫狂放浪、圆滑讥讽之状，皆是对禅宗的误解。

禅宗行人应该怎样，看看禅门历代祖师的榜样就可知。自灵山会上，世尊拈花，迦叶微笑，禅宗在印度递传二十八代，祖师多为三藏大师，经、律、论，无所不通，戒、定、慧，更是堪为人天师表。初祖迦叶尊者，在佛陀的诸大弟子中，头陀第一。头陀行即苦行。

第二十八祖达摩大师在南朝时把禅宗带到中国，传法慧可大师，以《楞伽经》印心。后代代相传，至黄梅五祖、曹溪六祖，以《金刚经》印心。明心见性，是要符证于教典的。把自己的修证——比照《楞伽经》《金刚经》中所讲境界，看是否符合。

六祖以下，花开五枝，大德辈出，人才济济，禅门宗风到此时别开生面，虽与以往大为不同，而见地超越、当下直指、传佛心印者无异。这一时期流传下来的公案故事，最为后世人津津乐道。但我们要知道，公案中的师父也好，弟子也好，都不是寻常人物，而且弟子大多用功多年，根机已经成熟，只等明师最后那一点拨，即于当下契入本性。我们读公案，看到的往往只是那一点拨，犹如戏剧的最高潮，而之前经年累月的修持，之后经年累月的涵养，故事里没说，读者也不知道，还以为任是什么人，一拍脑门子就能开悟，何其轻松。

到宋代，宗门大匠们立辟狂禅、口头禅、未证谓证等弊端，提倡理事并行。后代宗师也多兢尚修持，居山闭关打七等成为禅门中人的日常行持。

六祖大师曾说禅门以无念为宗，"无者，无二相，无诸尘劳之心；念者，念真如本性"。这是判断是禅非禅的试金石。成就者们看似和普通人一样地过生活，不同的是他们识得本性，衣食住行、行住坐卧间，他们随时能做到无妄想念真如，而普通人不行。

至于别人磕头也好，念佛也好，只要肯于心地上用功，就是殊途同归，不要妄加非议。

辑二　个人修行与社会生活　077

吃肉，吃素

问：都说汉地的和尚吃素，藏地的僧人吃肉，还有的能娶妻生子，莫非佛教在汉地和藏地的标准不同？那么佛教所谓的戒律岂不是没有原则，可以随意改变的了？

答：藏地由于气候、地理等原因，很多地方长不了蔬菜，加上以前交通不便，其他地区的蔬菜瓜果也很难运进来。在这种情况下，农牧民主要以牛羊肉、奶制品和青稞为食。藏地大部分出家人的生活靠家里供给，家里人定期送来食物，有什么吃什么。出家人要说吃肉，也是很少的，并且都是三净肉或者自然死亡的牛羊的肉。

然而，即使在以前食物供应没有多少选择的情况下，藏地也有很多出家人是素食者，现在则有更多出家人选择常年吃素了。

汉地的情况与藏地不一样。汉地以前一直是农耕社会，居民饮食以蔬菜、米面为主，逢年过节才偶尔吃肉。吃素，首先是有条件，比较容易办到；其次也是对治对肉食的贪执，平时吃不着肉，所以人们对肉食有一种特别的看重，觉得好吃、金贵。

佛教以慈悲众生、不杀生为首要修行。吃素可以间接地减少杀生，所以在条件允许的情况下，很多佛教徒都会选择吃素，实在因为条件所限，为了生存而不得不吃肉，也是吃三净肉。吃肉吃素不是以藏地汉地来划分的。

关于娶妻生子的问题。在藏地，示现在家形象的上师是有娶妻生子的，不过这也不是什么惊世骇俗的事，他是在家身份，当然可以。出家者，若未得大成就，行为不可违背戒律；大成就者另当别论。不仅藏地如此，汉地也是。据说当年鸠摩罗什大师娶有妻室，有弟子见状也想效仿，于是大师当着众弟子的面吞下一把针，随后又把针一一从毛孔中逼出来，而他毫发无损。大师对弟子们说，能做到他这样的，可以效仿他，否则不行。大成就者的行证境界，非凡夫所能揣测、模仿。

自己的修证未到而做出违反戒律的行为，这种情况有，但只代表个人，不应一概而论地说他所在的教派、法系如何如何。大家平时做人处事，都知道一个基本的道理，就是对不了解的问题不急于下判断、做结论，先了解一下再说。对待佛教，也要持这样的态度才好。

都修行去了，社会怎么办？

问：佛教作为从印度传过来的宗教，和中国传统的道家、儒家是不是有冲突？比如儒家说"不孝有三，无后为大"，而佛教出家人自然就不能结婚生子，这个矛盾该如何解释？

答：是不是真有这样的矛盾存在呢？佛教不强制要求所有信众都出家，佛陀的四众弟子既包括出家众，也包括在家众。尤其现在，在家学佛的人很多，除佛弟子的身份外，他们同时还是子女、父母、兄弟姐妹，以及职员、商人等等，可以说遍布各行各业。他们把佛陀的教法应用到生活中，为家庭和社会的建设积极贡献力量。

具体到个人，是否出家，是否结婚生子，都要看因缘。没出家的人，不结婚、不生子的也很多，结婚生子后再出家的人也有。其实没有纯粹偶然的事情。很多事，看似偶然，实际前因早就在那儿，只是伏笔千里，你看不出来罢了。有的人有出家的因缘，因缘成熟，他就出家了，其他人拦也是拦不住的。有的人没有子女缘，跟他信什么没关系。

儒释道三家在中国并存了一千多年，说明它们之间虽有不同，却并非水火不容，且正是因为众生根机不同，三家各有侧重，应机教化，才使社会不同阶层、不同集体及个人的精神、道德、情感等需求得到满足。

问：如果大家都去修行，那我们的社会会变成什么样？谁还来生产？社会还如何按照我们常态理解的去进步？这是我一直困惑的问题。

答：佛教修行有出家、在家两种。佛教讲因缘，出家有出家的因缘，不是所有人都具足出家的因缘，所以佛教不会要求所有人都出家。事实上，也不会出现所有人都出家的情况。佛教传入中国近两千年，历史上从未有过全民出家修行的时期，在价值观和生活方式越来越多元化的现代社会，就更不太可能出现这种情况了，因此你不用担心。

在家居士可以在修行的同时兼顾自己的社会、家庭角色。如果一个社会里大多数成员都相信因果、去恶行善、有精神信仰，那么社会会更加和谐。

在有佛教信仰传统的地区，社会并没有因为民众信佛而停止向前发展。我们甚至可以说，在这些地区，发展更具有可持续性。因为佛法的熏陶，人们少欲知足、尊重生命、爱惜资源和环境，不会为了满足自己无止境的物欲需求而过度开发、不为自身和其他众生的将来考虑。

其实，关于什么是发展，什么是社会进步，现在人们的观念已经在改变。人们逐渐意识到生产劳动、发展经济的最终目的是增进全民福祉，让全社会的人过上幸福安乐、有保障、有尊严的生活，这其中包括物质上的丰足，也包括精神上的充实。在一个只追求物质生产而忽略精神探索和修养的环境中，人们恐怕很难获得持久的安乐。

由于个人的情况不同，每个人为社会做贡献的方式也不一样。有些人通过体力劳动，有些人通过脑力劳动，有为社会创造有形财富的，也有创造文学、艺术等作品为人类留下精神财富的，有修桥修路的，也有专门追拍龙卷风的。你不能仅以物质化的标准去判断谁对人类进步的贡献更大。

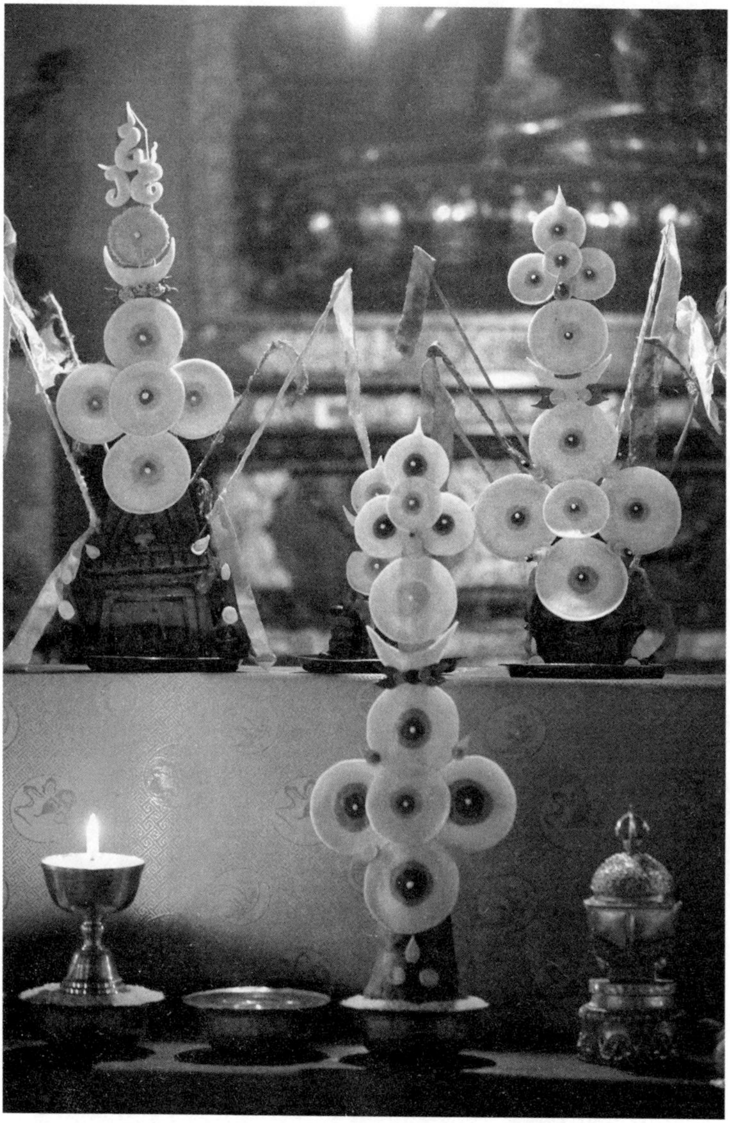

出家与在家

问：您怎样界定出家人和在家人的概念？

答：《佛说四十二章经》里说："辞亲出家，识心达本，解无为法，名曰沙门。"沙门即通常所说的出家人，这一句经文对出家人的概念做了简要定义。沙门是梵语，意为勤息，勤修戒定慧，息灭贪嗔痴。

出家，出的什么家？"家"可以理解为心住之处，心的牵绊、滞着所在，"出家"便是出离执着。执着从粗大到细微有很多层次，故而出家也由表及里、由浅至深有很多层次。

出家，首先出的是欲爱家，出离对广义欲爱的贪执。欲是想要，爱是贪着。仔细想来，人们世俗生活的一切无不是在得失、称毁、利害、亲怨之间趋避取舍，都不出爱和欲的范畴，而对亲人、家庭的顾恋是欲爱最突出的表现，大多数人一辈子的精力和心思都用在为自己和身边的亲人奔波辛劳、筹划经营上了,永远没有停歇、满足的时候。所以佛陀说"辞亲出家",辞别自己最粗大的执着,远离最容易让自己产生贪、嗔、耽著、邪见的对境,也就是亲友、财产及社会活动、交往的圈子。

普通人由于定力、智慧不足,想要修行,还是应该远离愦闹,给身心一个较为清净的空间。

出家人剃除须发、穿着僧衣的形象,既是提醒,也是保护。一方面提醒自己不贪求名利,不贡高我慢;另一方面,别人一看,知道你是出家求道的人,一般也就不会故意滋扰,动摇妨碍你的道心了。对于没有证悟实相的普通人来说,剃度、受戒、远离愦闹、至寂静处、思维法义、善自守持戒律……出家的这些形式和内容,都是必要的。这是最基本层次的出家。

"识心达本"是进一步的出家。"识心"指了知心外无法,一切都是心识前的显现。"达本"指了知心性无实。用佛法的名词说,就是悟遍计本空、依他如幻。这是出离更细微的执着,也是更高层次的出家。

"解无为法",了知实相、现象不一不异,证圆成实性,心无所住,一无所执,是再进一步的出家。

由此可知,已经证悟诸法实相的人,即使示现在家形象,也是在家出家,不着五欲,心无挂碍,但这是成就者的境界,普通人做不到,还是老老实实从最基础的做起为妥。

以上简单介绍了什么是出家。不是这样的,就是在家。

问：居住在寂静山林里的僧侣，没有世俗琐碎的烦恼，更易修心，他们是不是比生活在闹市里的人更容易修行得道呢？

答：出家人琐事较少，的确更容易做到专心修行。至于得道，要看个人的根器和因缘，很难笼统地说出家比在家更容易开悟，或反之。

佛教修行最为基础的是出离心。真修行，是需要放弃一些东西的，比如对金钱、名声、地位、感情等等的追求。这些干扰，在家有，出家也有，关键看你自己能不能舍离。

是逃避责任吗？

问：那些抛家舍业出家的人，妻儿父母都不要了，这不是逃避社会责任吗？

答：一个人选择什么样的方式过自己的生活，是他私人的事。当然，出家的话，有可能影响到家人，所以要尽量与家人沟通，能得到他们的理解和支持是最好的。

我们应该学会尊重私人生活。如果别人对世界的看法、对人生道路的选择与己不同，我们即使不能理解，至少应该尊重，给他人也给自己留一点儿空间和尊严。

社会责任是为推动社会的进步和福祉做贡献。物质生产当然是推动社会发展的力量，而教育、教化、精神探索、心灵共建也是社会进步和民众福祉不可或缺的部分。一个清净的出家修行人，专心致力于精神修持，便是在以他自己的方式为世界的和谐、众生的安乐做贡献。

社会昌明的标志之一是包容,允许人们以各自的方式生活和体现生命的价值。发展经济、创造财富,最终不就是为了让人们都能过上自己想要的生活,自得其乐,各得其所吗!

与家人的矛盾

问：有人在学佛的过程中，不闻思学习，只知道一遍遍闷头做功课，更不顾及家里不信佛人的感受，由此给家人带来很大烦恼，这样"用功"学佛的行为，我们该如何看待？

答：别人认真做功课，我们当然应该随喜。

修行是很个人的事，每个人的情况都不一样，修行的具体路径也会不同。虽然多数人都会经历闻、思，进而实修这样一个过程，但也有一些人由于往昔的因缘，这一世显现出没有经过多少闻思，便直接进入实修，也能有很好的修持效果。

有的人博闻强识，闻思的范围很宽；有的人一门深入，主要闻思自己专修的那个法。这两种情况，只要是能把学到的融入自相续，都很好。

所以我们没有神通的人，最好不要随意评判别人。关注自己的修行就好了,仔细检点自己的身语意,努力只在自己身上找错,不谈他人的是与非。

至于如何与家里不信佛的人相处,也是要视具体情况而论的。有的家人本身烦恼比较重,你信佛,他不高兴;你不信佛,他照样不高兴。一味地迁就、迎合可能并不是最好的办法,但也不能不考虑家人的感受。

怎么去平衡呢?根据我的观察,家庭成员之间缺少较为亲密的情感和精神层面的交流,是很多问题和矛盾的根源。家人若反对你学佛,并不一定是因为他不赞成佛法,很有可能他只是怕本来跟你交流就不多,你若再学佛而他不学佛,以后能一起谈的话、一起做的事就更少了。所以,你要争取家人的理解和支持,应该先打消他们的这个顾虑,多做情感上的沟通,就是正常的人与人之间、亲人与亲人之间应有的沟通和交流,让他们感受到与你在情感上的联结、你对他们的关心和重视。

一些学佛者与家人间的矛盾,其实不是学佛与不学佛的矛盾,也谈不上信仰和价值观的冲突,主要是亲人之间缺少正常健康的交流。

若是家庭成员间有比较好的情感沟通,即使信仰不同,也是能相互理解和支持的。一家人,再怎么有分歧,终究还是希望对方过得快乐。

问：总有做不完的工作、家事，每天还要和孩子斗智斗勇。很想修，总苦于时间不够用，我该怎么办？

答：在家人要工作、要照顾家庭，的确没有太多的修行时间，所以更应该珍惜，每天再忙，也要安排一定的时间修行，尽量争取多的时间修行。

在日常的工作生活中，我们也可以随时随地修习出离心、菩提心和空性智慧。比如，在工作中和同事发生冲突，你可以修忍辱、修慈悲心；如果你的孩子把家里搞得一团糟，你可以修空性，告诉自己眼前的一切都如梦如幻；照顾父母、引导父母学佛，这是报答父母恩德，也能为自己积累福报资粮；戒杀茹素、护生放生，这些不需要占用很多时间，却是非常殊胜的法门。

问：我在引导家人学佛的过程中，因为知道他爱财如命，所以故意说放生会使生意顺利，会赚更多的钱，但我只是想让他多参加放生，皈依三宝，并没有其他功利的想法。请问这样做如法吗？

答：你这样对他说也不算是打妄语，因为行持善法，如放生、

辑二 个人修行与社会生活 091

礼佛、供灯等，自然而然会感应福报，而福报可以表现为受用丰足、心想事成等世间福。

如果能以此方便引导他断恶行善、皈依佛门，并最终走上解脱之路，那是对他最为宝贵切实的帮助，因为除了自造的恶业，没有什么能伤害到一个人；而内心自由、安乐，才能真正地消除贫穷感、不满足感和不安全感，这是再多的金钱和财富也做不到的。

问：在您看来，人和人之间爱的存在是如何表现的，什么是真正的爱？

答：我理解的爱，是希望对方快乐并拥有快乐的因，希望对方没有痛苦并远离痛苦的因。

工作与持戒

问：我听说您特别重视持戒，而我平时的工作中很难不应酬，这样还能做您的弟子吗？

答：我是一介凡夫，本没有做上师的功德，只因为我很幸运地有一位伟大的上师——法王如意宝晋美彭措仁波切，他慈悲无私地授予我珍贵的法教，并鼓励我把自己的所学告诉更多人，让更多人从佛法中受益。

戒、定、慧三无漏学涵盖了佛法实修的全部内容，其中戒是基础。佛陀示现灭度时，告诉弟子们：佛灭度后，以戒为师。并不是我特别强调持戒，而是后世佛弟子都应该谨记佛陀的遗训，老实持戒。由戒生定，由定发慧。好好持戒的话，即使没能显发智慧，证悟空性，至少也可以保证远离恶业，积植德行。

你提出的问题可能主要涉及的是居士戒。工作中要应酬，恐怕难持酒戒、杀戒；有时在工作环境中不免打妄语，难持妄语戒；金钱物资往来，难以严格持守不予取戒，等等。我想这个问题可以这么看。

第一，佛弟子应该持守的最基本的戒律是皈依戒，这是一切戒律的基础。只要不舍弃三宝，就没有失毁皈依戒。你看看自己在工作生活中，有没有守住这条底线。做到了，你就还是佛弟子，其他的戒律再根据自己的实际情况和能力，有选择地受持。

比如，你认为自己基本能做到杜绝不予取的行为，那么你可以选择受持不予取戒。如果实在是觉得有困难，也不必强求，先等一等，也许明年后年情况变了，说不定就可以受这条戒了。不受不予取戒，你也可以选择受其他戒，比如杀戒、邪淫戒等。

每个人根据自己的情况可受一条戒，也可同时受多条戒。守持戒律的时间范围也可酌情选择，比如选择守一天、若干天，或者一年、几年、终身。

戒不是约束，而是保护，使我们免受恶业和烦恼的侵害，所以在自己能力所及范围内尽量按照戒律去规范自己的言行，这是对自己最好的保护。

第二，居士戒中的杀、盗、淫、妄、酒五戒，杀戒指的是不杀人，淫戒指的是不邪淫，妄语戒指的是不说大妄语，即没有开悟而说自己开悟了等等。对一般人而言，这些戒律守持起来并不是特别难。当然，杀动物、说一般的妄语等，虽然不至于破居士戒，但这些行为本身是有过失的，会招致恶的果报，给自他带来伤害和痛苦，应该尽量避免。

第三，现在人们的观念也在慢慢改变，生意上、工作中的好伙伴、好同事不一定非要是酒肉朋友，喝酒吃肉或许能成一时的事，但长远来看，更重要的是你的办事能力、人品，你要是一个值得信赖、认真做事、肯替别人着想的人，能帮助对方达成愿望、获得利益，这样人家才愿意跟你长期合作共事，哪怕一时无法合作，也会把你当朋友。世间做事说到底是做人。做人好，自然左右逢源，成事不难。至于那些不懂得尊重别人的选择、凡事酒肉开道否则就跟你翻脸的"朋友"，少几个也不是坏事。人生的路既长且宽，失之东隅，焉知不会收之桑榆？

第四，居士五戒，换一个角度看，可说是为人处世、修养人格之道。不杀，即仁慈。不予取戒，即不义之财不取。不邪淫是尊重婚姻、爱护家庭。不妄语是诚信。酒戒，戒的是包括酒在内的所有会扰乱神智、让人行为颠倒、言语失常的东西。做人要有自制力，有威仪，若常常酒后失态，斯文扫地、洋相百出的，叫人如何敬重你？

我知道大家在社会上生存、工作、生活方方面面要顾虑的事很多，守持戒律的障碍很大，但是唯其难守，守戒的功德才更大。佛陀曾说，末法时期一天守持一条清净戒律的功德，比佛陀在世时守持二百五十多条比丘戒的功德还大。佛经中还讲过，以三千大千世界的七宝供养十方三世诸佛的功德，不如在末法时期一天守持清净戒律的功德。

一个认真持戒的人，人天护法常卫其左右，遣除恶缘，令其不受侵害，所以凭自己能力所及尽量持戒，不用担心这样做会给自己带来损恼。

简单生活

问：人如何获得内心的平静？

答：我觉得现在尤其是城市里的人生活节奏太快，追求的东西太多，饮食、睡眠没有节制，人心浮躁。如果想心里平静一些，应该尽量让生活简单一点儿。

每年夏天都会有一些汉族居士到扎西持林闭关院进行短期修学。山居生活简单、清苦，大家却很快乐。一位居士告诉我，他平时忙着工作、忙着挣钱，觉得生活本该如此，也只能这样，因为吃穿用度都要上好的，都得花钱，所以要不停地挣钱才能维持生活的水准，可是在扎西持林待了一段时间后，他发现自己的快乐感、满足感并没有因为饭菜的粗淡、用度的简陋而减少，反而比往日过得更安乐。于是他就想："哦，原来快乐很简单。既然慢下来、俭淡下来同样能过得快乐，为什么还要那样忙碌如一只旋转的陀螺呢？"下山后，他果然减少了应酬，减少了生意，把更多的时间用于修学佛法。幸运的是，妻子和孩子也在他的带动下开始学佛。几年下来，家里的生活虽然不像以前那样阔气，但一家子却过得比以前轻松和睦。

生活富裕后，人们应该学会平衡，否则物质丰富带来的快乐会很快被困惑取代，科技发达带来的方便可能会让人更加疲惫不堪。

山居修行期间，很多人选择止语。终日默然，以避免妄言绮语等过患。其实，人们平日说话也是说得太多了，不仅在不知不觉间犯下了许多言语上的过失，而且言多伤神，说来说去，直把自己说得心神不宁、身心俱疲。现实世界、网络世界都是这样。你出门去走一圈，看看街上来来往往的人，专心走路的很少，有的人一边走路一边打电话或者发信息，有的人恍恍惚惚、心不在焉，迫不及待要回到因特网上去聊天、购物、围观。

各种各样的新闻、消息真的就那么有必要知道吗？对多数人来说，一遍遍机械地刷新闻不过是一种习惯和瘾头，只是把脑子弄得乱糟糟的，并不能给心脑带来多少启迪。你一句、我一句，话是说多了，表达能力却越来越弱。

我并不是说像手机、网络这样的新技术、新事物不好，社会发展的趋势无法逆转，人在其中也不能全由得自己，只是你要努力把握住生活的平衡，用物质、技术带来的便利去感受、去探求生命的美好和意义，给自己时间去沉淀、提炼，而不是反过来被技术和物质牵着走。聒噪、匆忙、肤浅中年月飞逝，亏的是你自己，不得安顿的也是你自己。

人怎样才能保持内心的平静？这样的问题，现在不太有人问了，因为内心的平静实在不是练一练瑜伽、读一读励志文章、看几回心理医生就能得到的，你需要改变价值观念和生活的诸多定式，而那又是一件需要付出多少心力去做的事！

现在人们似乎已经习惯了以尽量少的时间、精力、金钱、情感投入去完成事情，所以生活中便充斥着多快好省的东西。廉价，不一定是价格低，而是心灵的投入少。物件也好，事务也好，做的人不用心，受的人也不用心，一个个都努力想把自己这辈子赶紧敷衍过去似的。改变生活方式和价值观念要肯放弃，也要肯投入，要耐得住过程的缓慢、琐碎和艰难。

心里的牵挂多，便难以平静。牵挂些什么？总不出财、色、名、食、睡。这五样是世人最大的执着所在。判断自己对一样东西的执着程度，简单的办法是看它会令自己有多焦虑不安。你心里越是焦躁，说明你执着的越多。回归内心的宁静须从淡化内心的执着入手。

关于财、色、名，古今圣哲已经有很多教诲了，我就不再啰唆。总之是把这些看淡一点，有益无害。你看得重，未必就有更好的机会得到。日常起居上，现在多数人的饮食、睡眠是混乱的，以致四大失调，疾病频发。少吃一点儿，睡眠正常一点儿，精神、身体会更健康。

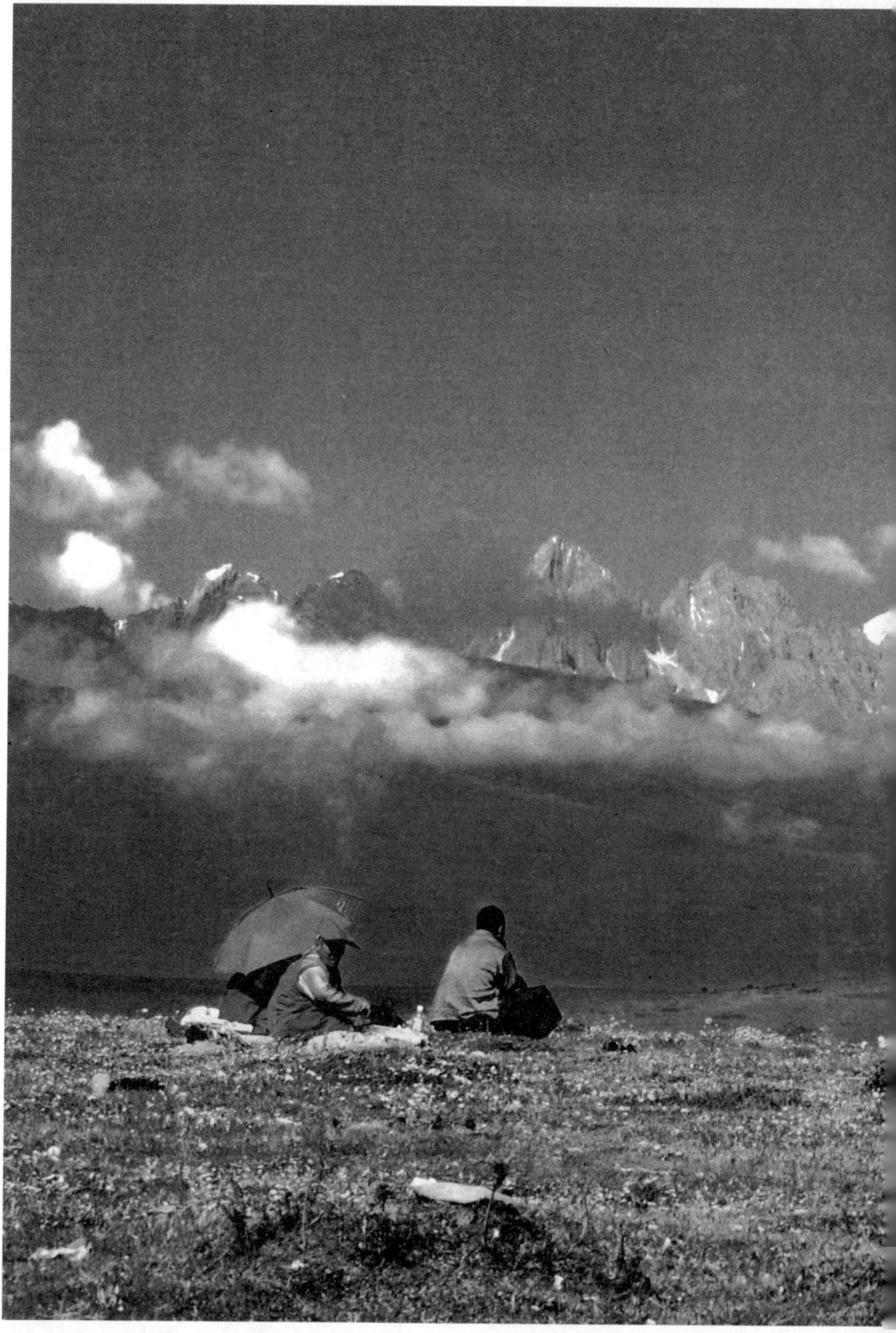

辑三
因果苦乐

前世和今生的关系,就像昨天和今天,不管你记不记得,今天的经历都是昨天的延续。

前世和昨天

问：我没见过轮回转世，也不知道自己有没有前世，请问佛教里讲的六道轮回如何证明是存在的？如果轮回真的存在，那么其他的很多佛学道理就容易相信了。

答：在我们讨论轮回是否存在这个问题前，最好先来看看佛教所说的轮回到底是指什么。佛陀在《圆觉经》中是这样解释的："一切世界，始终生灭，前后有无，聚散起止，念念相续，循环往复，种种取舍，皆是轮回。"也就是说，有始有终，有生有灭，有聚有散，相续循环，就是轮回。可见一般人的生活，见闻觉知，起心动念，可不都在轮回中嘛。

六道指的是众生存在的六种形态，分别是天道、阿修罗道、人道、旁生道、饿鬼道、地狱道。众生的所言所行所想产生相应的后果，每个众生根据自己需要承受的后果而经历顺逆苦乐的境遇，也就是老话说的，种瓜得瓜，种豆得豆，这不同的境遇总的可分成六大类，即六道。六道，与其说是独立、绝对存在的六个地方，不如说是众生各自业因果报的外现。六道里又有细分，二十八重天、十八层地狱等且不说，人与人之间在境遇上的差别是大家都看得见的。造成这种种差别的是众生各自的作为，不是其他。

你看自己心里各种各样的念头此起彼伏，有的是善念，有的是恶念，随着念头而产生言行举动，这一切都会留下印记，一点一点印记串起来就构成一股前因后果环环相扣的轨迹，它不仅是过去和现在的记录，也预示着未来的趋势。

比如说，以前人们认为很多事情都是偶然发生的，彼此之间没有太大的关联，后来网络和计算机技术的发展使得记录、存储海量数据成为可能，人们日常生活中的一部分行为被记录下来，仅仅是这很小的一部分言行的记录和分析，已经足以让人们看到生活中无所不在的关联和延续。这种关联和延续不是技术创造出来的，它一直都无形地存在，只是最新的数据存储和分析技术发现并把它描述了出来。当然这与佛教所讲的业因果相比，在深度、广度、完整性、精确性上还有很大差距。但不管怎么样，也算是为比较崇尚科技的现代人理解佛教的某些概念提供了一个方便。

如何证明有前世，其实跟证明是否有昨天是类似的。

你说："昨天当然有，因为我记得。"那么，也有人记得他前世的经历，如果说记得就证明有，那前世也应该有。

你说："大部分人都记得昨天，而不知道前世的情景，所以昨天肯定有，前世不一定有。"如果大部分人都不记得就说明不一定有，那么大部分人应该都不记得自己一岁以前的情景，这是否说明大部分人可能都没有经历过婴儿期，生下来就能跑会跳呢？

你说："昨天发生过的事，我有照片、视频、录音等等为证。"的确，技术发展到今天，我们有了很多记录的手段，但这些所谓科学、有形的证物，有之能证明有，无之不能证明无，否则在影像技术发明前的漫长时期里，人们无法记录下"昨天"的影像，岂不是他们都不曾有昨天而只活在"今天"了？文字记录也是同样道理。有的族群以文字的方式记录自己的过去，有的族群没有文字记载的历史，但是记录的缺失不代表经历的空白。

你说："昨天工作的成果，我今天在享用。昨天还有很多事没做完，我今天接着做。如果没有昨天，我今天身在其中的这一切又是从何而来？"其实同样道理，你的今生也是前世因果的延续。前世积的福，你今生在享用。前世造的恶，你今生在偿还。享用不尽、偿还不完的，顺延到后世。跟昨天没做完的事今天做，今天完不了明天做，是一个道理。

人天生就带着很多东西来的，相貌、性情、福报受用，一生下来差别就很大。这不是偶然的，也不完全是遗传而来，你看同父同母的兄弟姐妹也各个不同。

你如果愿意把事情的发生都归结于偶然性，我也不反对，但我更愿意相信凡事都有前因后果，至少这是更为理性的态度。

你说："昨天的我活到了今天，今天我还活着就证明了昨天的存在。"事实上，昨天的你和今天的你不是完全一样的。细胞新陈代谢的道理你应该懂，分分秒秒间，构成我们身体的细胞都在变，并没有一个一成不变的身体从昨天过到了今天。就心而言，觉知、感受、认知、思想等也并非自成一体，而是一个个念头的前后迁流。

如果把身心的这种相似相续定义为存活，从昨天活到了今天，那么前世到今生，一贯而下的业因果在继续，身心作为业的体现，也是前后相续的，因此也可以说是从前世活到了今生。不同的是两天之间的差异一般情况下不易察觉，而两世之间的差异比较大。

其实，不要说两世，就是在一生当中，我们从小到大，因自然的生长、衰老，都要从里到外彻底变几次。童年的你、长大成人的你、老年的你，无论外表还是内心，差异都很大。

若是发生重大变故（也可以理解为重大的缘起），则外表、内心都可能在短时间内有巨大改变，前后判若两人。比如遭遇灾难、事故，身体被损，变得面目全非；或者内心因为受到某种强烈刺激而丧失记忆或精神失常。两世之间，经历死亡、转生、住胎的巨大恐惧和痛苦，身心迥异是同样道理。

昨日今日、前世今生，皆是业力和缘起显现的相续。因缘渐变，则身心渐变；因缘巨变，则身心巨变；因缘差异大，则身心世界的差异也大。所以不能以看上去相同或不相同，来证明延续或不延续。

我们可依此类推地继续下去，但我不想陷入逻辑辩论当中，所以在这里只是简单地举几个例子，希望能给大家一点儿启发，换一个角度思考问题，并尝试去挑战自己的某些成见。

　　不是所有东西都需要靠实物去证明，也不是有实物证据就一定能解决问题的。比物质生活更高一层的情感、思想世界是如此，比情感、思想又高一层的精神生活更是如此。

上一世的价值

问：如果这一世我们的因缘都是上一世来的，但是我们不记得，那么上一世还有什么价值？

答：前世和今生的关系，就像昨天和今天，不管你记不记得，今天的经历都是昨天的延续。

另外我想澄清一点，这一世的因缘是上一世的延续，前世的最后一个念头是后世第一个念头的因，念念相续，每一个在前的念头都是在后的念头之因，但是我们身语意的造作也同时在创造新的缘，只不过大多数众生因为惯性，不自觉地遵循着往昔业力的趋势，每一个当下创造出来的新缘起也都成了以往习气的重复流转。

因为这种不自觉的重复，人的命有定数。又因为每个当下都是改变的契机，人的命运又是不定的，变好与变坏掌握在自己手里。

轮回和业因果的教法传达给我们一个重要信息：要了解和接受过去，但不拘泥于过去，否则我们不会有真正的智慧和力量。

问：这一生的修行如果没有修到解脱，那么这一世累积的修行成果可以带到下一世吗？还是说，无论如何，下一世的修行都会从零开始？

答：这一生没有修到解脱，付出的努力也不会白费，它会像一粒种子，在他生来世遇到相宜的缘起时，将生长发芽。因缘的聚合可能在下一世，也可能在多世之后。

藏传佛教中的中阴修法使修行者能够凭借平日修行之力，利用死亡前后出现的机会获得解脱，把前世的修行和后世的修行连接起来。

跨越时空的因果

问：跨越时空的因果对现世有什么意义？如何起到断恶行善的警示？

答：严格说来，因果都是跨越时空的，因与果不可能出现在同一时空点上。时空的间隔有长短远近之分，而这长短远近没有绝对，是因人而异的。超出了某些人接受和认知范围的事物，可能对另一些视野更广阔的人来说，是完全可以理解和接受，并能从中得到启发、借鉴的。

比如，只关注眼前的人，你跟他讲历史、讲未来，他会觉得那些与他目前正在做的事没什么关系，考虑那些没多大意义。可是稍有远见的人就会懂得："以史为鉴，可以知兴替"，过去发生的事会告诉我们事物发展兴衰的规律，并预示事态变化的趋势；考虑未来，可使我们以更具持续性的方式去做事，而不至于急功近利，路越走越窄。

"跨越时空的因果"对现世有什么意义？这取决于众生各自的智慧和福报。对一只朝生暮死的昆虫来说，隔夜就是隔世，它很难明白昨日种种与今日种种之间的联系和延续；它不知道它那一天的生命与整个自然界的发展变化、与整个生物进化史都密切关联。但对人来说，明白这一点是很容易的，因为人的福报和视野比昆虫大。如果虫子说："没有昨天也没有明天，今天的太阳落山后就再不会升起来。"人类听了，一定会发笑。同样的，若智慧和福报超过一般人，就能知晓过去将来，知道因果在较长时空跨度里的演变过程。

凡夫受因果律支配，却因为不能现量了知因果而常常疏忽、懈怠。地上菩萨出定时也在现象的缘起法中，由于菩萨以入定智慧之力在出定时能基本现量了知何因感何果，因而菩萨不昧因果，详细取舍因果，精进地行持六度万行。所谓"菩萨畏因，众生畏果"，正是如此。

问：因果不虚，善有善报、恶有恶报我相信，可真有来世吗？

答：如果相信因果不虚，就该相信有来世。当一期生命结束时，若就此断灭，没有来世，那么未了的因果怎么办？若说因果也随之断灭，岂不是有因无果，又怎能说因果不虚呢？

问：如果有轮回，为什么世界比以前多了那么多人口？多出来的那些是哪里来的？

答：佛教的轮回讲的是六道轮回，众生跟随业力在天道、阿修罗道、人道、旁生道、饿鬼道、地狱道之间生死流转，不是只在人道循环。其他道的众生在耗尽福报或偿尽业报之后，会堕落或上升到人道来；而人在一期生命结束后，也会随善恶果报或升天或堕入三恶道或继续投生人道。

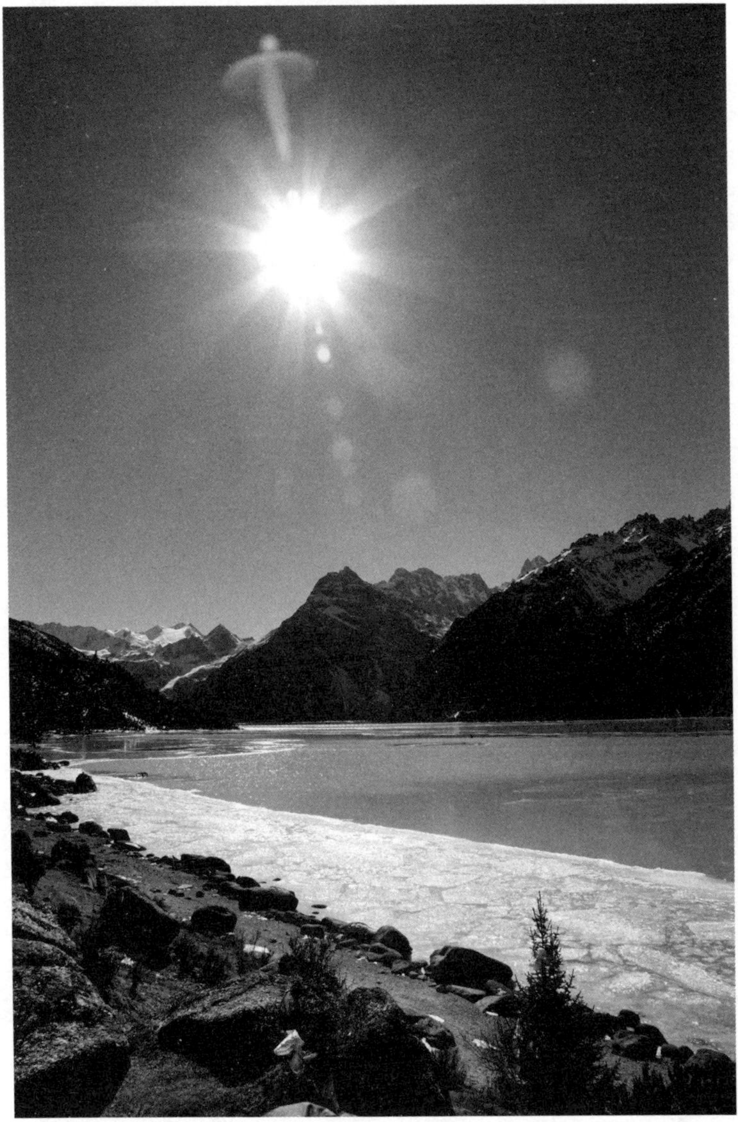

不是同样的水，也不是别的河

问：如果说肉身如衣服，轮回中我们一直没有改变的到底是什么？

答：轮回中没有什么是一直不变的。佛教认为，人死后会有神识携带未尽的因果转生到下一世。神识不同于外道所说的灵魂，灵魂常一不变，而神识为空，它是因缘的聚合，随因缘的改变而变化，今生与来世的神识不是完全一样，但也不是不相关，它是前前后后的因果相续，就像一条河，下游的水由上游而来，早已不是同样的水，却也不是别的河。

问： 佛教里强调无我，要破掉我执，如果说这辈子我是张三，下辈子是李四，那么我张三这辈子随便造业，反正下辈子由李四来背就好了嘛，跟我也没关系了，为什么我还要行善避恶呢？

答： 首先，恶报什么时候成熟，很难说，并不是这辈子造恶，全都等到下辈子报，有的这一世就报。好比喝毒药，根据毒性的强弱和个人体质、耐受力等不同，有的要等几天甚至几年以后，毒性才发；有的几小时后或者当场就发作。如果你对毒物的性质和自己的身心没有十足的了解和把握，最好不要轻易尝试。

其次，如我们在前面的问题中讲到的，昨天的我和今天的我并不完全相同，只是相似相续，"我张三这辈子造恶业"和"我张三这辈子受恶报"，前后两个我也是不同的，但是由于"我执"——把色、受、想、行、识这五蕴身心认定为"我"的这个执念，仍然会有造恶业和受恶报的直接经历。谁在经历呢？"我"在经历。所以问题的关键不在于前后是不是同样一个人，而在于谁在经历。

事实上，也没有一个固定不变、自成一体的"我"在经历，"我"只是对刹那生灭变异的五蕴身心的坚牢误解，然而只要这个误解还没有从根本上消除，"我"就意味着无欺的经验，这个

辑三　因果苦乐　115

经验遵循因果的规律。"我"造恶业,"我"就会受相应的恶报,在同一个因果缘起和执念的相续中,叫张三叫李四都无妨。

箭头指向未来的自己

问：如果人为了做一件好事的最终目的，而在过程中做了一件坏事，那么他会受到惩罚吗？会有怎样的因果报应？

答：果报不是惩罚，它只是事态发展的结果，就像你做饭时，水和米的比例没掌握好，或者火候没注意，结果做出来的米饭夹生，或烧煳了，你因此没能吃上可口的米饭，或者干脆就没饭吃。没人因为你不好好做饭而罚你饿肚子，是你自己把事情办砸了。

回到问题，为了做好事的最终目的而在过程中做了坏事，这要分两种情况：无意的和存心的。无意中做了坏事，恶的果报会远远小于存心做同样的一件事。如果事后自己发现了，应该尽快忏悔，以在恶业成熟之前改变缘起，从而使后果相应地向好的方向改变。

如果是存心做坏事,并且真正造成了伤害,那就是造了恶业,不管你的最终目标是什么。具备明确的动机、对象和造成伤害的结果,这种恶业的力量会很大,果报显现更快,而要改变结果的难度也更大。

　　所以我们做事情首先要有好的发心,在做的过程中也要时时反省检点,谨慎地取舍因果,尽量避免出现好心办坏事的情况,更不能以为自己有堂皇高尚的最终目标,在过程中就可以不择手段。因果不欺人,自己造下的恶,犹如射出的箭,箭头所指是未来的自己。

菩萨保佑

问：我们拜佛是否会得到佛的照顾？如果有人说对佛不敬的话，要制止吗？怎么制止？

答：拜佛当然会得善报，但不要以为这是因为佛也像世间凡夫一样，谁讨好他，他就对谁偏心、关照。佛对一切众生都是平等慈悲的，可是能否感应到佛的护佑，取决于我们自己。如果我们心怀敬信，便能感受到佛的加持，就像无线电波一直都在，而你需要打开并调对频道才能接收到信号。

进一步说，加持是指我们通过礼拜等行为使自心向真和善的方面转变，烦恼减轻，福慧增长，从而有更强的能力去面对、接纳生活的境遇，去帮助、保护自己和他人。

见人对佛不敬，你如果有能力制止便制止，如果没有能力，最好远离此人。无论哪种情况都尽量不要起嗔心。

问：现在有极个别达官贵人去寺庙里烧香磕头保佑平安，如果这些人的钱来路不明，那么佛菩萨真的会保佑他们平安吗？那样的话对老百姓岂不是太不公平了？

答：如前面所说，佛菩萨平等大悲，并不会因为你烧香磕头就偏袒你，他不烧香磕头就不理会他。然而，正如阳光普照时，向阳的房间才温暖明亮，背阳的房间却晒不进太阳，你究竟能感应到多少佛菩萨的加持护佑，要看你有多少恭敬信心。

佛教讲因果，善恶有因，自作自受。达官贵人也好，平头百姓也好，若杀盗淫妄，造作恶业，都将感应恶果、经受苦报；若向佛菩萨恭敬顶礼，都会积累福报。

如果一个人造恶在先，后又拜佛，这前后的因果善恶能否抵消呢？业因果报的相续消长极为复杂，只有智慧神通圆满的佛才能把一个人生生世世、点点滴滴的因果说清楚。

你看有的动物受用福报比人还大，动物属旁生道，是三恶道之一，前世必是造了大恶业，才转生为旁生；也必是行善积德了，才感得受用丰足、生活安逸。这善报恶报是同时现前的。其实，你留心看看自己周围的人，也是这样，同时承受着善报恶报。

善恶相抵也是有的，我这里告诉你一个基本的道理：造恶业后，若生起悔恨之心，在佛前至诚忏悔，发誓从此洗心易行，决不再犯，并尽力弥补之前过失所造成的损害，如此反复坚持，说到做到。精诚所至，一般的罪业是可以清净的。

原本在所难免的灾殃恶报减轻乃至消失，并不是佛菩萨受了他一炷香、几斤水果的贿赂，就替他办事、护着他，是他自己的心力，以坚定的信心积累了福报，以真诚的忏悔改变了缘起。

基本原理就是这样，至于具体到个人，结论还得你自己做。

好人为何遭殃？

问：佛教里说善有善报，恶有恶报，现在的贪官、奸商过得比一般人风光潇洒，反而有个别做好事的人被人冤枉甚至遭受灾难，这是不是佛法的因果论不灵了？或者说是不适合现代社会，过时了？

答：善有善报，恶有恶报，只是言行的造作和果报的显现之间需要缘来连接。缘的聚集有快有慢，所以有时我们能看到迅速的因果报应，有时却要等很久。如果你不能理清这种前后关联，只把因果连环中的一节拿出来，那当然会困惑。

遭遇灾难是以前造作的恶业在因缘成熟时的果报显现。现在是好人，不一定以前没有造过恶业。其实在人们的概念中，"好人"的定义是很模糊的。仔细观察，我们很难找到绝对的"好人"或绝对的"恶人"，只有善行和恶行。而由于价值观的不同，善行、恶行也有不同的定义。根据佛法，会造成伤害的行为是恶的，比如杀生、不予取等。即使是曾经或后来行善的人造作了恶行，给其他众生造成伤害和损失，在因缘成熟的时候也得感受相应的苦报。

如前面所说，果报的显现需要缘的聚合。如果身边的善缘多，恶业的种子将因缺乏必要的缘起条件，而无法结果。若大环境不好，缺乏应有的公平和秩序，见闻遭遇多是激发烦恼的，如此恶缘的聚集则会加速恶报的显现。

如果"恶人风光、好人遭殃"成为普遍的现象，那么作为有责任感的社会成员，应该反思和帮助改进社会治理、社会价值、道德体系等，而不是急于否定因果。

正如有理智的人看见飞机上天，不会因此就说万有引力定律不灵了，因为他知道飞机上天自有它背后的工作原理，而万有引力也是一直在发生作用的，两者互不矛盾。

我不太明白为什么有些人看到不合理的社会现象，第一反应就是质疑佛教的因果论。否定因果，难道个人就会因此而更清醒、更自律，社会因此而更公正合理，人类更进步吗？

戒　后

问：一个人真心忏悔自己过去的所行时，他的业是从其一起心动念就开始消除，还是必须有实际的行动才开始一点点消除？

答：具足四对治力的忏悔能最为有效地清净业障。四对治指忏悔的对境、对之前的所作所为悔恨惭愧之心、发誓永不再犯的决心和行动。

佛法中所说的恶业是指会给他人和自己带来痛苦的言行和想法，这种痛苦不一定是立竿见影，有的要等很久以后，借助其他条件的加入，因和缘都具足了，才显现出来。最初造业时有如种下了一粒种子，随着土壤、天气等条件的加入，种子慢慢生长、发芽、结果。这个过程中，任何条件的改变都会影响到最后结出的果实。如果是重要条件缺失，苗芽可能发育不良或者停止生长，这样就不会有果实结出来。

同样道理，对过去的所行生起忏悔之心，便是在改变恶业种子生长的条件，肯定会对最后的结果产生影响，但影响有多大，取决于忏悔的力量。仅有悔心的忏悔，只具备了一个对治力，所以力量不会很大，不足以中止种苗的生长。只有具足四对治力，在佛菩萨面前勇敢地发露自己的过失，在悔恨的基础上，下决心永不再犯，并实际采取行动，有针对性地以良善的言行去对治自己身上的烦恼习气，才能最有效地清净恶业。

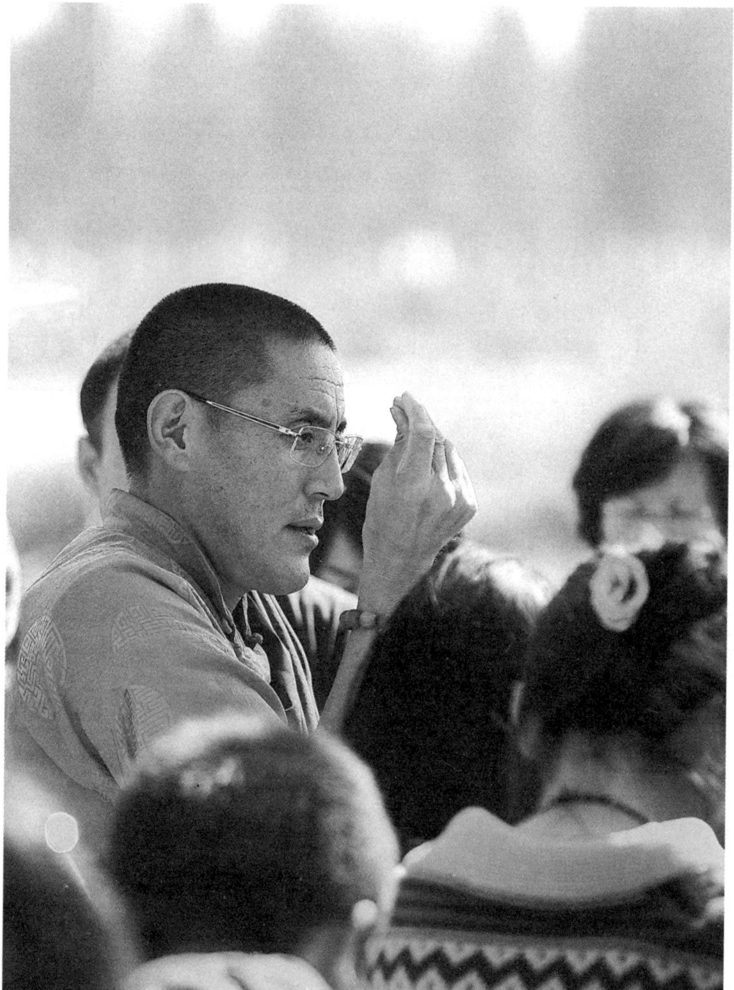

此乃苦，汝当知

问：我们应该如何看待痛苦？

答：根据佛陀的开示，解脱是从认识痛苦开始的。如果你想摆脱痛苦，首先要知道痛苦是怎么一回事。

佛经上把痛苦分为苦苦、变苦、行苦三大类。所谓苦苦，即是粗大明显的痛苦，比如身体和精神的创伤。人人避之唯恐不及，谁也不会把它们误认为是别的东西而想去追求、亲近。变苦指通常被我们理解为快乐的种种体验和现象，终将变成遗憾或痛苦。仔细思量，人们生活中每一项快乐其实都含带着日后的痛苦。行苦是一种更深刻也更细微的痛苦，它指陷于轮回的众生整个存在状态的不圆满和不稳定。身心受到业力牵制，被重重烦恼束缚。普通人的生命皆是由烦恼中来，到烦恼中去，全然不得自主地流转。

具体到人间的痛苦，又分为八种。无论贫富强弱，所有人都无可避免要经历生老病死的痛苦。除此以外，人们还在不同条件、情况下各自感受怨憎会、爱别离、求不得、不欲临的痛苦。

承认痛苦的普遍性，看似悲观消极，实则不然。如果你把痛苦纯粹当作一种负面的经历，总在想方设法避免它，或者认为痛苦是一种失败的表现，要是自己能力足够就不会有痛苦，如果你这样想，毫无疑问，当问题、挫折出现时，你会感到分外压抑、焦虑和不公平。自艾自怜、指责抱怨或许能暂时缓解焦虑和恐惧，却无法真正解决问题。缺乏对痛苦的包容和忍耐，令我们脆弱不堪。

反过来，如果我们认为生活中有痛苦是正常的，人生本来如此，我们则能更好地集中精力处理问题本身，而不是无谓地纠缠于愤愤不平的情绪中。这种情绪只会增加挫败感，却丝毫不能帮助我们富有建设性地应对生活的难题。

接受痛苦的客观存在后，我们要进一步了解它的成因。某些情况下，我们能够通过破坏其形成的条件去阻止某个痛苦的结果生成，但我们同时也应该知道，生活中很多局面不是我们所能控制，也不是事到临头能改变的，因果一旦成熟，任何行动都无法阻止果报的显现。如果痛苦在所难免，我们最好让自己有所准备。这样做的好处是，虽然该面对的问题还得面对，该经历的痛还得经历，我们却不再那样感到苦，不必再承受额外的焦虑和恐惧。

痛苦普遍存在，生活不可能总是称心如意。由于这个见地，我们不再急于逃避和指责，甚至不再想尽办法化解，因为我们知道，只要有这个身体在，我们就必定经历衰老、病痛、死亡；只要心里还有贪执、嗔恨、困惑、傲慢，我们就必定感受痛苦。

问：苦和乐怎么定义？人觉得自己苦还是别人提醒他：你很苦？

答：苦乐是感受，不是概念。你自己觉得苦，对你而言就是苦；你自己觉得乐，对你而言就是乐。

佛教所说的苦范围很广，既包括粗大、显而易见的痛苦，也包括微细的不如意感，像幽怨、缺憾、无可奈何等细腻的苦受。你想想平日里自己这颗心的状态，总是有着这样那样的牵挂和遗憾，纯粹的快乐感受大概很少经验。

不如意事常八九，能与人言无二三。人到一定年纪，就知道确是这样。

问：为什么要消除痛苦呢？我觉得痛苦和快乐一样，都是生活的组成部分，都值得去体验，不经历苦难的人生是不够丰厚的。

答：如果你能在日常生活的不幸和痛苦中自在无碍，似乎的确没有必要消除痛苦。

经历苦难的意义不在于经历本身，而在于它启发我们对生命的思考。佛陀初转法轮首先宣讲苦谛、集谛，正是引导我们去观察生命的苦难、缺憾，了解其表现和成因，从而生起信心和勇气去实践对生命更广、更深层面的探索，实现生命的升华。

苦从何来？

问：痛苦烦恼的本质是什么？什么可以帮助我们远离痛苦烦恼？

答：痛苦源于无明。无明指对人、事、物的错误认识。就人而言，认为有一个独立、恒一存在的"我"，继而对这个"我"生起执着，然后对"我的"生起执着。就事物而言，认为有独立、绝对、固有存在的事物。这样的见解之所以错误，是因为它与人、事、物的真实状态相反。世间万象皆依缘起，随条件的聚合、变化而生成、变化、坏失，无可执持。

见解与真相的偏离，使我们处于愚蔽、扭曲、不得自在的状态，把原本无常的误认为本该恒常，把无我的执为固有，因而一再地幻灭、失落，求而不得，无从安心。

因缘和合的现象，包括我们自己和一切身外之物之事在内，都不离痛苦的本质。拿我们每个人来说，有生便有死，在生死之间有无常老病、种种缺憾，这一副身心不过是变化的相似相续，哪里有什么是真正靠得住的？

身心之外，如果我们认为有所得，则必定会经历失去。有积聚，必有消散时；有爱恋，必有怨怼时。这不是说你需要刻意地以消极悲观的眼光去看待事物，而是你要看到得、聚、爱、福背后失、散、恨、祸的势。你也许会说，何不反过来看，失去必有得到时，遇祸必有得福时。的确可以这样看，但之后呢？还是得失得失，反复反复。留心观察，便慢慢体会到，轮回就是这样不由自主的无尽轮转，周而复始的无可奈何。所以佛陀说，要完全远离痛苦，只有出离轮回。

什么样的方法能帮助我们远离痛苦烦恼？具体的方法要依各人根机而定，没有一刀切、放之四海皆准的固定套路。就大多数人的根机而言，把贪婪、嗔恨等作为需要断除的对象，以不净观等方法加以对治，是更具有可操作性的。在此基础上，通过学习佛法，增进对空性的了解后，可以逐渐把贪婪、嗔恨等作为净化的对象，以观修空性等方便法门摄持，了达烦恼的本性为空，从而息灭痛苦。

修行最好按照次第一步一步来，除非是罕见的上根利智，否则一开始就说不用对治贪嗔痴，只要知道它们是空性的就可以，这对初学者不会有很大的帮助，反而可能误导他们，让人以为不用持戒、不用实修就可以解脱烦恼。

我们总喜欢为自己的懒惰和无知找借口，不是吗？

违　缘

问：违缘是顺其自然还是当断则断？

答：我不知道你所说的"违缘"具体指什么，所以很难笼统作答。同一个人在不同情况下，面对不同的问题、障难，应采取的态度和对策会不一样。不同的人，由于脾气秉性、根器、福报、因缘各异，在同样情况下，面对同样的问题，态度和对策也会不同。世间法、出世间法都是这样。有的障难对某些人来说应该远离，而对另一些人来说则可转为道用。

一件事是修行的违缘还是助缘，我们若没有神通和足够的智慧，真的很难判断。比如罹患疾病、事业或家庭发生重大变故，会让一些人愤懑、消沉，对别人苛责，对世俗的欲求更执着，也会让一些人沉静、反思，对生活更旷达，并生起出离心追求解脱。

像米拉日巴尊者，他若不是幼年失去父亲，他的财产若没有被掠夺,他若未饱受叔父、姑母的虐待,大概后来不会走上苦修之路,而佛教历史上也就少了一位伟大的修行者和成就者。在米拉日巴尊者的示现中,苦难的经历是修行有力的助缘。

关于生命的幸福和快乐

问：提到苦苦、变苦、行苦等似乎让人觉得佛法总在强调生命的苦，那么关于生命的幸福和快乐呢？

答：佛法不是故意强调苦，它只是叙述现实的情况。彩云易散琉璃脆，从来好事不坚牢。说快乐，是在过程中；说苦，是结果。站的高度不同，所见远近不同而已。

其实佛教也讲幸福快乐，痛苦止息就是快乐，比如，对治烦恼，慈、悲、喜、舍，就是在讲如何过得幸福快乐。

知足少欲，心怀平等与慈悲，内心便有安稳快乐。

问：若他人回报你的慈悲以冷漠、不关心甚至厌恶，我们何以收获安乐？

答：我们不可能除尽大地上的荆棘瓦砾，但是当我们给自己的双足穿上一双舒适的好鞋子，我们的脚下便变得柔软。如果你把自己的快乐系缚在别人对你的态度上，恐怕你永远也得不到安乐。

安乐是自心的感受。当我们慈悲待人，在任何情况下，都能坚守住内心的善良，并且不期待对方立即回馈同样的善心时，我们的内心会越来越开阔、坚强，这便是安乐的源泉。

如果只有一杯水

问：如果只有一杯水，该给自己喝还是该给别人喝？如果慈悲的代价是害己，还需要慈悲吗？慈悲的限度是什么？

答：我觉得慈悲无所谓限度，能慈悲到什么程度，取决于你内心开放的能力。如果只有一杯水，上等发心的人会选择给别人喝，中等发心的人会与别人分着喝，心量比较小的人会留给自己喝。

如果你还无法做到牺牲自己的利益去成全别人，努力实现双赢也很好。即使从个人利益的角度考虑，追求共赢也比只考虑自己更为聪明、更可持续。在日常工作生活中，其实总是有办法找到共赢点、平衡点的，当然这需要心胸和智慧。

善良是没有伤害之心

问：什么是善良？行善都包括哪些行为？单纯地捐助他人，而忽略了其他的行为也可以吗？

答：简单地说，善良就是没有伤害之心。以帮助众生远离痛苦、获得安乐为出发点的行为，都可视为善行。

你所说的"单纯地捐助他人而忽略了其他行为"，我想大概包括几种情况：

一是只捐助而不做其他的比如放生、念经等善行，这样当然是可以的。捐助他人属于布施的范畴，值得随喜赞叹。

二是单纯的捐助，而没有以三殊胜即前行发心殊胜、正行无缘殊胜、后行回向殊胜摄持，也就是说，只捐钱捐物，但没有想到要以自己这一善行的力量帮助所有众生离苦得乐。三殊胜就像是一个无限倍数的功率放大器，能把微弱善行的功德无限放大。你捐助他人，好比是擦亮了一根火柴，能给你周围很小范围内带来短暂的温暖和光明。如果有三殊胜摄持的话,这根火柴的光和热将遍满三千大千世界,持续地给你自己和无量无数无边众生带来温暖、光明。这么一比较,我想你应该知道怎样做是更有智慧的吧。

慈悲心的训练

问：如何训练慈悲心？幸福快乐建立在怎样的基础上？

答：心的训练可以从觉察开始，尽量清晰地了知自己身心的活动、言语、举动、感受、情绪、心念的生灭变化，久之，心会变得安静而敏锐，并且对苦、无常等生出切身的领悟。

另一项训练是专注，制心一处。比如持咒、念佛、诵经、抄经、调息等，都能起到这个作用。把一颗习惯于散乱驰求的心系在一句心咒、一句佛号或呼吸吐纳上，就好像把一匹野马拴在了木桩上，尽管它还是会跑开，但跑不远，兜一个圈子又不得不回来，等它自己跑累了，自然就老实不动了。心也是这样，尽管开始持咒、念佛时，还是会杂念纷飞，但不用着急，杂念随它去，我只抱住这一声心咒、佛号不放，慢慢地，心就安静下来了。

上面这两项训练会增强洞察力和专注力，这意味着我们能够在洞悉宏观的同时不失对微观的专注，在专注的同时可以保持开放，这时可以对佛法教义，比如无常、苦、空、慈悲等教法，进行思维、体悟。心静之后不是一味地静止下去，而是开始由静中生发体悟、觉受，或者在静的基础上观察、思维教法，并进一步在心中生起解悟乃至证悟境界。

虽然日常行住坐卧随时随地都可以训练慈悲心，但对于心力不够强大坚定的人来说，仅仅靠日常生活中零散的训练是难以持续地增上慈悲心的，我们需要专门花时间系统地观修，比如每天花半个小时修慈悲心，所得的理解和体悟再拿到日常的工作学习中去串习和巩固。

慈是希望对方快乐，通过友善、关爱、分享等来表现。悲是愿意分担乃至代受对方的苦，这需要莫大的勇气和温柔。观修慈悲心通常从亲近的人开始，因为你与他们的因缘很近，如果你愿意，你能更深切地理解、感受他们的苦乐、希惧，而理解是慈悲的基础。

慈悲心具体可分为慈、悲、喜、舍四无量心，其中，舍的意思是平等，也就是说，在我们的训练中，慈悲的对象从亲近的人开始，将逐步扩展到认识却不相干的人、陌生人、憎恶的人，及至所有众生。同时我们要记住，无论是分享还是分担，都应以自他平等之心去做，道德上、物质上不要有高高在上的优越感。

慈悲心的训练使我们的内心宽阔、柔软、坚强，这是幸福快乐的源泉。

柔和是一种力量

问：一个人在修行时若谨遵"不惹众生起烦恼"的教言，那么势必要行为柔和、有求必应，但众生中若有人踏破我们的底线，作了恶，那么是该维护众生的喜乐还是维护修行的准则？

答：看见别人造恶，我们有能力劝阻的话，应该劝阻，态度要坚决，语气、方式要柔和；若无力阻止，最好发愿把自己行善的功德回向给他。

不惹众生起烦恼，不是要你无原则地迁就，其实你就算百般迎合，众生也还是可能起烦恼，所以关键是你的动机，不存心捣乱、伤害就好了。很多时候，你若柔和而坚定，对方反而会有所忌惮。在好的修行人身上，柔和是一种力量。

自己先安静下来

问：好友知道我学佛后很不理解，总想劝我放弃，我跟他们解释佛法，却招来更多的反对。我不知道如何才能既保持与他们的友谊，又可以继续自己的修行？

答：不要动摇自己修行的决心，也不要扰乱他人的心。继续你自己的闻思修行，让周围的人通过你的身心变化逐渐对佛法生起信心，在自己力所能及的范围内给朋友们讲讲佛法的道理。凡事都有因缘，度化众生也需要观察众生的根器和因缘。作为初学者，最重要的就是自己静下来精进闻思修行。

问：有的师兄建议我不要与外道接触，要避而远之，为了善护法身慧命，不可以结缘，以免将来这个果成熟了堕入外道，说要成佛以后，任运救度有情。请问：对外道应该采取什么态度？应该如何做？如果佛教徒只想自己得一点儿法，躲避着外道（若家里父母亲朋是外道躲不过吧），不接触，不去感化影响，那么佛陀殊胜的教授怎么弘扬？

答：在家修行的人不可避免要与社会上各式各样的人打交道，我们不能要求所有人都跟我们有着同样的信仰、价值观和行为方式，我想避免矛盾冲突的一个有效方法，就是从基本人性出发去与人交往、沟通。在宗教、性别、职业、社会地位等等不同的背后，大家都是人，都希望被理解、被关怀，都希求快乐，不想遭受痛苦。先认识到这一点，在此基础上逐渐扩大内心的容量，对众生慢慢地、由衷地生起亲切感，愿意去感受他们的快乐、悲伤、孤独，愿意去谅解、去帮助。这在我看来是佛教徒应具备的基本素质。

我们应首先学会如何与人相处，再谈如何与外道相处。没有内心的开放和悲悯，我们无法突破自身的局限，也很难切实地利益有情。

一个人不论他的宗教信仰为何，在大乘佛教徒看来，他都具有佛性，有着与诸佛菩萨一样清净无染的本性。我们应该平等恭敬，不轻慢众生。

能与志同道合的人相处，在闻思修上互相帮助，自然是再好不过，但如果不得不跟信仰与己不同的人交往，我们仍然可以做到在尊重其信仰、关怀其需求的同时，坚持自己的信仰和修行。恭敬不等于随学，对人有礼貌不一定就要拜其为师。

向他人宣讲佛法，要看因缘。何时何地，以何种方式，向何人，传讲何种法门，智慧不够的话，是很难判断把握的，所以要努力提高自己的智慧。如何提高呢？闻思修。初学者安静下来，好好闻思修行，就是在弘扬佛法。好的修行人，他的寂静调柔，可以感动人心，令人对佛法生起信心。

辑四
依止上师与闻思修

上师能不能帮你搞定这样那样的琐事,并不重要,重要的是他能不能引导你解脱生死。

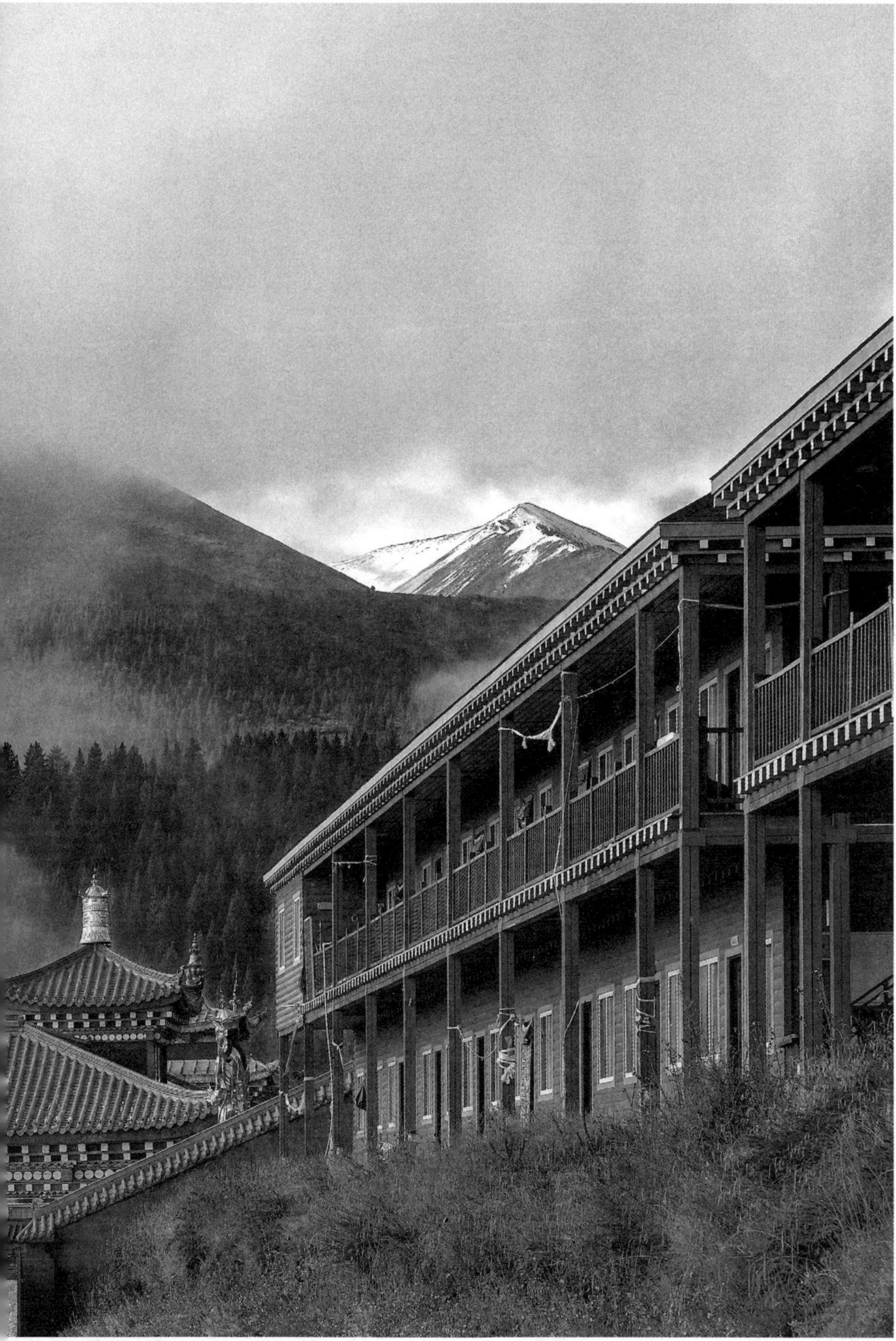

功德之源

问：为什么在金刚乘的修行中，上师如此关键？我们怎样理解上师是一切功德和成就的来源？

答：在金刚乘的修行中，上师至为关键，是因为金刚乘的入门、修学及成就都直接依靠上师的加持。

需要强调的是，这里所说的上师是具德上师，也就是真正符合资格要求的上师。在后面的问答中，我们会谈到究竟怎样的上师才有资格灌顶、传密法、做金刚上师。

弟子要获得修学密法的资格，进入金刚乘，唯一的途径是通过灌顶。如果没有上师灌顶，得不到密乘戒体，就不能学密法。一些人无视密法法本上"未经此法灌顶不得翻阅"的告诫，擅自翻看法本，这会给自己带来许多障难。

进入密乘之门后，修学密法也唯一依靠上师的讲解、引导。以前由于印刷不便和保密等原因，密法法本存世不多，流传也受到严格控制，必须先向具德上师求法，得到灌顶后才有可能拿到法本。

我十几岁在家乡随上师才晋堪布修学《法界宝藏论》，只有极少数人被允许参加此法灌顶，法本数量非常有限，我当时就没有法本，才晋堪布得知后，把他自己用的法本借给我，让我参照修习，并且一再叮嘱要独自阅读和修炼，不能让其他人看到法本。

现在不同了，密法法本轻易可得，没有受过灌顶的人也能拿着法本按图索骥地修炼。这其实炼不出结果来的，甚至会有危险。没有上师讲解的话，你很难知道那些文字究竟在说什么。同样的文字、同样的名词，在密法中却有专门所指。

另外，为了防止盗法，一些法本的顺序被故意打乱，真正有传承的人才知道正确的顺序。有的具体修法唯以口耳相传的形式保存，不见诸文字，由上师亲口传授给弟子，弟子记在心里。

所以，没有传承上师的引导，你即使拿到法本也不知如何修。从这个角度说，虽然现在一些本该保密的法被公之于众，一些没有传承、没有修证、几乎不懂密法的人煞有介事地讲解、传授着密法，但是正如密码泄露后，没有人解码，密就还是密，在传承者手中，纯正的密法仍然被完好保存着。

修习密法，证果的速度快，是因为修行过程中有上师传的诀窍，使修行者能直奔要点，免了迂回曲折。人们把上师诀窍形象地称为"上师心滴"——由智慧心中自然流出的精华。行者修证境界的提高也需要上师的印可，所以金刚乘很强调弟子与上师相应。

修行路上的每一步，可以说都是上师手把手带着走过来的，因此弟子会对上师怀着无限的感激。感激涕零。

以前，我的大恩上师法王如意宝每次提到他的上师托嘎如意宝，都泪流满面，哭得说不出话来。他说他小时候在托嘎如意宝座下求学时，托嘎如意宝也是这样，只要一提起他的上师，就泣不成声。

大成就者阿秋喇嘛是法王如意宝的弟子。法王示现圆寂后，阿秋喇嘛每当向其他人谈起自己的上师，都情不自禁地流泪。

外人也许不能理解金刚乘上师与弟子之间这种深厚的感情。即使是学密法的人，如果没有全心全意地爱敬、随学过上师，也会很难理解为什么有人会对上师怀着那样深厚的感激之情。

寻找善知识

问：在末法时期，如何找寻、鉴别善知识？

答：在末法时期，虽然如续部典籍中所说具足一切功德的上师极其难得，但作为合格的上师，至少应该满足这样一些条件：首先是具有无伪的菩提心；其次是精通教法，能应弟子的需要完整传授某一解脱法门；再次是戒律清净。

一个人会值遇怎样的上师，这既取决于个人的发心及与上师的因缘，又与同时代众生的共同业力相关。

当年，释迦牟尼佛直接以佛陀的形象出现在世间引导众生，而在佛灭度后，众生由于福报减小，只能看见佛以阿罗汉的形象示现，阿罗汉之后是班智达利益众生，到现在末法时期，众生眼里只能看见普通人，佛便以普通人的形象出现在我们的生活中。

就个人而言，没有宿世的福报，今生不可能值遇贤善的上师，而内心不清净，真佛现前也不会见其功德。

所谓观察上师也是观察自心，我们到底是以什么样的心去拜师求法的？是为了解脱还是为了别的？是希望所有众生都今生得安乐、来世得解脱，还是只想自己早日脱离轮回的痛苦？

在寻找、鉴别善知识的过程中，自己的发心、心态很重要。若自心清净，佛陀即使以普通人形象示现，你也能认出他是佛。若自心不清净，再好的上师你也看不出他的好。

曾有一位居士跟我说："我觉得甲活佛比乙活佛好。"我就问为什么。她说："甲活佛热情，跟所有居士都很熟络，关系很好，每次见到我都问：'你有什么需要我帮忙的，尽管说。'以后等我出家的时候，我就去他那儿跟着他学法。"

其实，选择上师不应该看对方肯不肯迎合自己，会不会跟人搞关系，要看他出世的功德。上师能不能帮你搞定这样那样的琐事，并不重要，重要的是他能不能引导你解脱生死。

金刚上师

问：金刚上师有哪几种类型？

答：金刚上师不是一种通称，像某某堪布、某某格西，对谁来说，他都是某堪布、某格西，而金刚上师不同，只有为自己灌过顶，或传过密续，或传过密法诀窍的上师，才能成为自己的金刚上师，又称"根本上师"。可见，是不是金刚上师，要看针对谁而言，看师徒之间有没有密乘誓言的联结。

至于金刚上师的类型，就是上面讲到的三种：授予自己灌顶的上师、给自己传密续的上师、给自己传密法诀窍的上师。

上师与弟子

问：我们应该期待或者不应该期待和上师建立怎样的关系？

答：这要分两种情况：第一种情况是与自己的金刚上师之间。其实没什么期待不期待的，对于弟子来说，他别无选择，密乘根本戒讲得很清楚：不得视师为凡夫，因而轻视上师；不得违背上师言教。这两条看似简单，实则涵盖弟子所有的见修行。

修行者在选择自己的金刚上师时务必谨慎，切莫草率，匆忙认一位上师为金刚上师，之后又观察上师的过失，随意批评，这都可能触犯密乘戒。

按照藏地传统，弟子在向一位上师求灌顶或密法、诀窍之前，一定会认真地观察、了解这位上师，直到确信他具备做金刚上师的资格，并且确信自己对这位上师有着全然的信任。有时这种考察和确认需要花上很多年的时间。之所以这样郑重，是因为弟子的解脱依靠金刚上师的加持。

怎样的上师才有资格做金刚上师呢？虽然符合所有资格要求的上师在这个时代已十分罕见，但至少他应该满足如下条件：

首先，是密乘戒清净。如果一位法师与自己的金刚上师发生矛盾，甚至诋毁上师，或者公开责难、打击金刚道友，或者违犯了其他密乘戒，而没有通过忏悔彻底清净罪障，那么他是很难成为真正的金刚上师的，即使在形式上为他人"灌顶"，也不一定会发生灌顶，因为法的传承到他那里已经被染污了，他没有什么可再传给其他人。所以，大家要多观察一个人对他自己的金刚上师和金刚道友的态度。

其次，是有无伪的菩提心，真心为了帮助众生解脱痛苦而誓证菩提。

再次，是精通弟子所求的法。有些人自己并没有某一密法的传承，也不懂这个法该怎么讲、怎么修，甚至连仪轨也不会念，而装模作样又是"灌顶"又是"传法"。这种情况下，金刚上师与弟子的关系是无法建立的，因为没有发生灌顶，"上师"三项基本资格都不具备。这样比较极端的例子，现今社会上却时常能见到。听说有的上师"灌顶"结束后，欣慰地告诉弟子们："你们能得到这个灌顶，太有福报了。我当年都没这么幸运能有机会得到这个灌顶。"

灌顶，特别是大圆满灌顶，对上师、弟子、场所、法器等等都有着严格的要求，任何一个条件不足，都会影响到灌顶是否真正发生。不能说：现在时代不同了，该严格保密的可以在网络上公开了，必需的灌顶法器可以因陋就简、能免就免了，续部中对灌顶条件的种种规定可以根据自己的需要随时修改或忽略了。

密乘戒中有关于保密的要求，在现今这样一个信息高度发达的时代，尤其要注意不能向有可能诽谤密法的人泄露密法。以前，信息传播不是那么发达，即使密法泄露，范围也不会很大，但是现在不一样，所以务必要谨慎。

传授密续和密法修行诀窍的上师，同灌顶的上师一样，都是金刚上师，绝对严厉的对境。藏传佛教包括显密两部分，藏传佛教上师所讲的法并不都是密法。作为弟子，要知道辨别自己向上师求的是密法还是显宗的法。有时候，这会比较重要，因为你可能需要据此判断自己是否有触犯密乘戒。

第二种情况，当一位上师没有给你灌过顶，或传讲过密续，或传授过密法诀窍，你若对他有信心，则亲近随学，承事供养；若无信心，做到对师长应有的尊重恭敬就好。

弟子与上师之间具体关系如何，要看与上师的因缘。作为弟子，与其做很多期待和假设，不如反省自己的发心。如果发心单纯，就是为了觉悟，那么与上师的关系比较好处理，也容易处好。

问：不违背上师教言与"依法不依人"，二者如何把握？

答：如果是一位具德上师，他所做的一切必定与法不相违，依止这样的上师，依人便是依法。

虽然显宗也强调恭敬上师，但在密宗里，对自己金刚上师的教言是信受还是违背，关系到根本戒，所以密宗特别强调弟子在正式依止一位金刚上师前要对之进行观察，这时，你可以依法不依人，以法为标准去考察、评判。你或许需要花很长时间去观察，才能确定一位上师是否值得你毫无保留地信赖，可以把今生来世的安乐完全托付给他，确定之后再向上师求续部教法、密法修行诀窍或灌顶，然后一心一意随学，视师为佛，把上师所有的言行都视为善妙的，不能再以自己的分别念去妄加判断、批评。

依赖上师和没有主见

问：按照《前行引导文》的教言，实修皈依时要在心里一遍遍地猛厉发下誓愿：成办任何事情，完完全全依赖上师，要有一种"一切都拜托给上师三宝"之心。但是在实际的修行生活中，的确会遇到很多需要拿主意的事情，又无法一一向上师请教如何处理。请问怎么做才是真正的"依赖"上师？这种出世间的"依赖"和世间的"没有主见"有区别吗？

答：如果上师有明确的指示，应该按照上师说的去做；如果没有，则以戒为师。

修行人对上师的"依赖"是建立在真诚的信心、出离心、菩提心和因果正见基础上的，依教奉行是为更好地取舍因果，对治烦恼。当然不是所有事情都能问上师："该怎么办？"这种情况下，自己心里要有数，说话做事要以自己持守的戒律为准绳，并检视自己的出离心。

戒律是修行的根本。上师言教不会与戒律相违。只是戒有高低之分，从低到高，对身语意的要求越来越严格。最初，戒律如一位外在的老师，他明确告诉你做什么，不做什么。只要你按照要求管好自己的言行，就不会有祸患；而触犯戒律时，自己也会清楚地知道，因为一切都说得明明白白，没法儿找借口。

更高一层的戒律成为内在修养的一部分。你不再只是因为外在的老师要求你这样做你才做，你更多的是自律，为了完善内心而主动规范自己的言行。这其实对身语意的要求是更严格了，但因为强调发心和内在的改变，显性、硬性的规则少了，想偷懒的人也就有了更多理由和借口为自己开脱。

最高的持戒是不执着，以空性智慧摄持身语意。这不是一般人能够达到的境界。

真正的具德上师都有应机调教弟子的本事，他会根据弟子的根器和修行水平，对弟子提出要求。历史上有一些著名的师徒，师父总让徒弟做看上去违反戒律的事，偷东西、喝酒、杀生，让人觉得谨遵上师教言与持戒似乎是矛盾的，但是不要忘了，那是天才的师父在调教天才的弟子，前两层意义上的持戒，弟子已经做得很好，接下来师父要教他的就是最高的持戒。而对一般人，具德上师绝不会让你去做超出你承受能力的事，不会让你心理上无法承受，更不会让你在因果上无法承受。所以"不违背上师教言"与守持戒律是一致的。

时常检视自己的出离心也很重要。有道是："但自却非心，打除烦恼破，憎爱不关心，长伸两脚卧。"对烦恼循环深生厌离，自然就能慢慢闲下来。需要做决定时，坚定的出离心也往往能帮助我们减少干扰，做出明智的决定。

　　依赖上师不同于通常所说的"没有主见"。一个人做事情拿不定主意，什么都听别人的，叫"没主见"，他不一定信因果，主要目的也不是为了谨慎取舍因果，出离心、菩提心可能更谈不上。

瑜伽士

问：什么是瑜伽士？瑜伽士与大成就者有没有不同？

答：藏地有一句老话：凡夫不可以学瑜伽士的行为，瑜伽士不可以学大成就者的行为。可知，瑜伽士与大成就者是不一样的。

瑜伽的意思是相应。与什么相应呢？与自性相应。瑜伽士，指修习与自性相应之法的人，包括资粮道、加行道上已对自性有悟解的修行者，以及现量证悟了自性的一地及以上的菩萨。地上菩萨又被称为"大成就者"。

广义的瑜伽士包括大成就者，狭义的瑜伽士则特指资粮道、加行道层面上悟自性的修行者。可以是在家形象，也可以是出家形象。

问：我们怎么分别洒脱自在没有执着的瑜伽士的行为和不如法的做法？

答：如果你不知道怎么分别，就不用去分别。管好自己的身语意，对其他人的言行一律做清净观。

问：某些瑜伽士特定的做法是他们的修行吗？弟子们可以效仿吗？

答：如果是真正的瑜伽士，他们无论做什么，都不离修行。弟子若没有他们那样境界的话，不可以效仿瑜伽士显现上与戒律相违的行为。

祖 古

问：有没有人生下来无须修行就是佛？如何来分辨这样的佛？

答：根据密法，初佛普贤王如来于刹那间证悟本性、圆满功德而成佛。也只有普贤王如来是这样。

汉文中的"活佛"一词，藏文称"祖古"，是转世修行者的意思。"活佛"这个词不知道是怎么来的，照字面讲，是活着的佛，这与藏文的意思有出入。

祖古也不全是一样的，有些祖古确实是佛菩萨乘愿再来，有些只是凡夫转世。

内证很高的修行者，临终时能够自主决定往生的去处，他们观察因缘，看到转生人间能更好地利益众生，便转世再来，在前世福报因缘的基础上继续自利利他的事业。

有些在当地比较有声望的修行人，也许并没有很高的修证境界，也不能自由选择来世，但在他死后，有神通的大成就者观察到他又转生到人间，什么地方的哪户人家，叫什么名字，等等，把这些消息公之于众，于是有信心的当地人便把这个小孩也称为"祖古"。

还有些人，没有大成就者认他，是他自己认证的自己，到处自称为"活佛"。

我的上师法王如意宝是当代藏传佛教界德高望重、有号召力和影响力的大德之一，完全有认证祖古的资格和能力，但是他生前从来不认证祖古，他老人家常说："真真假假的祖古太多了，认这个，不认那个，是非更多，所以即使有的'祖古'，只是他父母给他'认证'的，他愿意叫'祖古'，我们也随他去。祖古终究不过是一个称谓而已，真的也好，假的也好，前世如何如何，都不重要，重要的是这一世的修证，这一世利益众生的能力。"

在藏地，按照传统，祖古被正式认证后，需要接受比普通僧侣更为严苛的教育，长期不懈地闻思修行，才能成为合格的传法者，并不是有了一个称号就自动具备了传法的资格。

如果有人自称无须修行自然而有诸般功德、神通，是天生的佛，那你一定要谨慎，多观察观察再说。

次第而行

问：修行时应如何循序渐进？应该经过哪几个步骤？要点分别是什么？

答：修行有三个要点：出离心、菩提心、空性慧。这个顺序也正是修行的次第。

第一步要生起出离心，即厌倦轮回、希求解脱之心。

许多人会想，这不是消极避世吗？

其实，怎样是消极？如何是避世？这都值得去思考。一头扎进名利财色中，里里外外应接不暇，不一定就是在积极、负责地对待人生。至于避世，社会关系简单、生活简单算避世吗？并不是所有人都喜欢呼朋唤友、扎堆凑热闹的。

文明发展到今天，人们应该学会尊重多样性，接受别人选择与自己不同的价值观和生活方式。毕竟人生各有因缘，你不能要求所有人都有同样的喜好，都走同样的路。

我们回过头来谈出离心。轮回指的是陷于烦恼之中以缺憾、局限为最大特征的一种生存状态。厌倦轮回，就是厌倦了缺憾、局限、烦恼的无尽循环。烦恼这个词真是妙，说尽了人心的不得安生、无可奈何。

然而仅有厌倦还不够，还要希求解脱。心生厌倦容易，心向解脱难。烦恼是生生世世熏习成瘾的，没有决心、毅力和正确的方法，如何能轻易戒掉？又有几个人能意识到自己烦恼成瘾？

佛陀说，要先看到轮回的"苦"的本质，进一步知道苦、烦恼都有其原因，通过闻思修行佛法去灭除苦因，才能远离痛苦烦恼，得到身心自在之乐。

第二步是在出离心的基础上生起菩提心，不仅仅满足于个人的超脱，而是希望一切众生安稳快乐，永断烦恼，为了实现这个理想而精进修行，通过布施、持戒、忍辱等六波罗蜜不断完善自己的修持，并帮助教化众生。

发菩提心重要，是因为它直接关系到修行者对空性的见解和证悟能否圆满究竟。

第三步是证悟空性，在菩提心的摄持下逐步圆满闻慧、思慧、修慧。

空性的话题，有些人很忌讳，不理解也不打算接受，另一些人却很喜欢谈论，而仅仅止于谈论。这两种态度都无法让人真正接触到佛法的精华——般若空性。

证悟空性的智慧虽说是我们自家的宝贝，不待外求，但是没有闻思修的铺垫启发，智慧是很难显发出来的。不重视建立正见，更不愿意实修，只把些似是而非的话头拿来空谈，这样是误己误人。

现在学佛的人当中，能静下心来闻思的人不多，肯实修的更少。为什么？主要是没有真正的出离心。表面上学佛，心里还抱着世间八法不肯放松，护亲伏怨、搬弄是非。纵然闻思，也是得少为足，稍懂一点儿名相便迫不及待要炫耀，人前人后架子十足。殊不知文字上的理解若不通过实修串习内化，文字就还是文字，你的烦恼还是你的烦恼。学那么多却没怎么往心里去，烦恼照旧，是非日增，着实该惭愧。

日常工作、生活中的修行可以从善护身语意、远离十恶业开始，行动上尽量避免杀生、盗窃、邪淫等恶业，言语上尽量避免恶口（骂人、说粗话）、两舌（挑拨离间）、妄言（说谎）、绮语（无意义的琐谈），尽量远离贪心、害心，以及执着恒常或拨无因果等极端见解。所谓"生活即是修行"，在我看来，也就是这样，把佛法的正见落实到起居应对中，在日常小事上也谨慎取舍因果。

闻思修

问：在当下的生活中怎样才能做到闻思修并行？

答：一般人繁忙的日常生活中，能用在闻思修上的时间和精力有限，因此最好是为修而闻思，把重点放在实修上。闻思的目的主要是获得正确的见解，有了正见之后，就可以开始串习实修。

这与要做法师的人不同，做法师要给别人讲解佛法、答疑解惑，自己在闻思上自然是深广一些才好。如果不必讲经说法，只是个人修持，那么做不到博闻强识、深入经藏也无妨，有正确的见解，理解自己要修的法，了解这个法的功德、意义、次第、要点等就够了，应该开始实修了。

比如修加行，从第一个加行开始，先仔细、反复学习相关法本，掌握法义后立即按照要求如理如量进行实修。当前一个加行修完后，再开始后一个加行的闻思修。争取每天都能花一点儿时间思维法义和入座观修，条件不具足的话，时间不用太长，但务必持之以恒。

对于初学者，念佛也好，持咒、观想、念诵也好，都要保证一定的入座专修的时间，也就是以打坐的方式专心一意去修，而不仅仅只是走路、坐车、谈话、看电视的时候，边拨着念珠，散散乱乱地念几句佛号心咒。

平时只要不是必须集中注意力去做的事，一边做事一边心里念佛，是很好的，大家也应该尽量养成这种习惯，无论什么时候、走到哪里，随时随地都能提起佛号心咒，把外散的心收回来。然而初学者心力毕竟不够稳固强大，除了这种见缝插针式的修法外，更需要座上专修，否则心定不下来。

念佛、持咒的话，也可以打坐和经行的方式交替，总之都要一心放在佛号心咒上。观修本尊、修皈依发心等更不用说，当然是上座修效果好。

上座无论采取哪种坐姿，务必要坐得端直。我知道有些人不是很注意坐姿，养成了半倚半躺着念经、做功课的习惯，但是佝偻肩背或东歪西靠，既没有威仪、失了恭敬，也不利于气脉走动，脉不正则心难静。的确大成就者也有躺着入定的，可是他认得自性，竖着歪着都不妨碍他安住自性，而普通人歪着，只容易犯困、散乱。

我想再次强调出离的重要性。虽然不是所有人都必须、都能够放下一切俗务专心修行，但世俗的事务和追求一点儿也不放弃，也是不行的。仅仅在日常工作、生活中时不时应用一下自己学到的佛法道理，排遣调节一下情绪，这样的所谓修行，到关键时候是用不上力的。

　　修行者应该调整自己的生活安排，放弃一些应酬、享受和琐事，以空出时间学习佛法和实修。我们应该做的是努力改变自己，而不是努力改变佛法以适应自己。

　　问：我能体认无明是苦，但仍然总为烦恼所困。请问该怎么做？

　　答：这也就是我前面讲到的问题，懂得一些法义，并且也有体会，但是如果没有实修，烦恼起时还是无能为力。烦恼不在别处，在心里，除了通过实修转变自心外，实在没有其他的法子可以解脱烦恼。

　　你可以从修前行开始。首先是外前行，暇满难得、寿命无常、轮回痛苦、因果不虚，要如量观修，一遍遍串习，心相续才能逐渐调柔。不要觉得法本拿过来一看，字面上意思都懂了，没必要再一座接一座几天几十天地观修。

　　外前行的内容并不难懂，只要认识字差不多都能看懂字面意思，但关键是你肯不肯静下心来按法本的要求观修。你若老老实实做了，心力的改变你自有体会。内前行为什么有数量上的规定？就是因为道理光懂不行，你要去串习，一遍遍，水滴石穿。

藏传佛教的一个特点是实修的次第分明。第一步做什么，第二步做什么，上了座怎么想、怎么观，修了几天会有什么验相，等等，法本上都说得很清楚。该交代的地方，上师也会交代明白，你只要照着做了，不偷工减料，就肯定有效果。

比如说，根据一些前辈修行者的经验，如量修完五加行的话，别的先不说，仅就禅定功夫而言，上等根器能得四禅，中等根器能得初禅，即便是下等根器，也能做到欲心一境。

虽然禅定不必然生发证悟空性的智慧，但在多数情况下，禅定仍然是开悟的一个重要前提。我们普通人，没有神通，很难判断出一个人的内证境界，而禅定功夫和量化的实修则是比较容易看到的。在藏地，人们赞叹一个人是很好的修行者，往往会说他念了多少亿遍本尊心咒，或者他修了多少遍五加行。你别不以为然，觉得念心咒谁不会，有什么了不起？密乘的持诵心咒、佛号是要求同时有观想的，但就算没有观想，单纯只是念一亿遍心咒，你试试，看自己能不能做到。

我们也可以此来勘验自己修行的成果。前行修完了，如果连基本的寂止都难以做到，有点儿风吹草动就还是心乱如麻的，说明前行只是完成了数量，却没有保证质量。

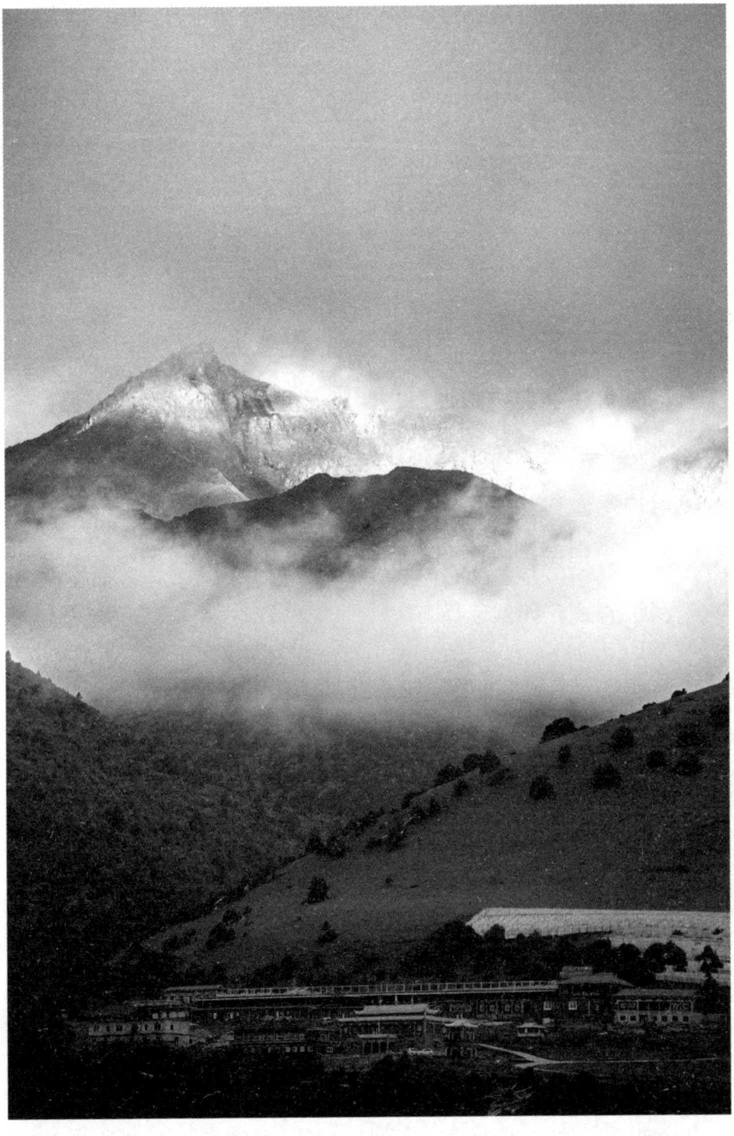

读书，静坐

问：佛法经典浩如烟海，穷其一生也不可能读完，那么应该读更多的佛法，还是反复研修一本或一部佛法经典？应该把更多的生命用于读书还是用于静下心来打坐，观照自己的内心？也就是由外向内与由内向外两种方式，如何选择？

答：法无定法，从何门入，要看你自己的秉性爱好。

研修义理最终要落实到修行上，否则流于空谈，于解脱无益。而一点儿法理不懂，基本的佛法见解也没有，只是空心静坐，也难以解脱。六道轮回，转生天道依禅定力，尤其是无色界的天人，静坐功夫了不得，一坐经劫，而终究出不了轮回，因为没有生起现证空性的智慧。

对于多数人，先要通过学习佛法获得关于因果缘起和空性的基本见解，然后反复熏习，把书面得来的见解化为自己的体悟，在静坐时便常常安住在这个体悟上。至于现量证悟空性，自是后话。初学者努力做好前面的铺垫最重要。

所以，不是在读书还是静坐中间二选一这样简单。

拿静坐来说，最好是观修和安住交替反复。而阅经也不止于辨析法义，它同样可以是入静定之径。

阅　经

问：现在国内外有各种关于佛法的书，也有很多社会名人写的，我们该如何选择？我也在读佛经，不太懂，怎么办？

答：的确，现在关于佛法的书很多，有些讲的是真正的佛法，有些对佛法的阐释则不尽准确，甚至有偏差，如何选择，对初学者来说是个难题。

我的看法是在条件允许的情况下，尽量多读佛经原文，必要时辅之以大德撰写的注疏。

阅读佛经，不要一开始就有畏难心理，觉得佛理深奥，古文难懂。其实汉译佛经很多都文字优美、意境深远，时常读一读经，慢慢去领会其中的智慧，学着去欣赏其中的美，这本身就是一个令人愉悦的让自己安静下来的过程。

静下心来读书，才能读进去，否则内心烦躁不安，一目十行，莫说佛经，就是现代白话文写成的书也不一定能真看懂。现在学佛的人当中从头到尾认认真真阅读过哪怕一部佛经的都不多，原因首先是静不下来，读得懂读不懂另说；其次是学习的愿望不够强烈。读不懂也硬着头皮往下读，反复研读思考，查找参考书，请教师友，有这种好学的劲头才好。

读经不要着急。一部佛经反反复复地持诵、研读，直到经文烂熟于心，这个时候可以在行住坐卧、日常应对洒扫间去体会经文的含义。或许某个不经意的情境会突然给你以启发和灵感，使你对某句经文生出前所未有的领悟。在这个基础上再去重读这部经，你会对佛陀的教言有更进一步的理解。

佛经当中一句一偈，若能理解并付诸实践验证，也会受益无穷。

佛经之外，还可以读公认的大德撰写、最好经过时间考验的论著。这是佛教学者和修行者们对浩如烟海的佛法进行的归纳、诠释，是帮助我们理解、实修佛法的宝贵指导和参考。

往昔积累的恶业也会阻碍我们理解佛法。有些人不能明了经义，对经论旋读旋忘，可能是因为业障现前。经论所言不出自性，若自性被烦恼垢染严重障蔽，怎能期望自己了达经义？所以平时要端心正意，断恶行善，恭敬、供养、祈祷三宝，至诚忏悔，持戒修福。所谓"但有去翳法，别无与明法"，少一分烦恼就少一分障碍，慢慢地自然心得开明，智慧显发。

当对佛法中一些基本的概念如因果、缘起、出离心、菩提心、四法印等有了相当的信解，自己拥有一定的判断力，不至于轻易被某些似是而非的说法误导时，可以适当扩大阅读面，去接触不同作者、不同风格的关于佛法的书籍。这时候，较为多样化的阅读带给你的可能更多是启发，而非干扰。

对佛法产生兴趣，生起想了解佛法的愿望，是累世积福的结果。佛经中说仅仅听闻一尊佛、一位菩萨的名号都能清净罪障，种下无量善根。所以我衷心随喜赞叹你，希望你以后多去了解佛陀的智慧法教，并在自己的身心中去体会、验证。

行持善法

问：行持善法和普通意义上的行善有没有不同？

答：通常人们说的行善，主要指布施、助人、友爱等行为，而佛教所说的行持善法，除了这些善行外，更包括了在出离心、菩提心的摄持下行持以如下六种善法为主的各种行为：

一是受持读诵般若波罗蜜多等契经，通过学习经典，思维理解法义，从而生起观照般若，最终通达实相。二是趣入无我光明法性，安忍本来清净的空性。三是念诵心咒。四是造立经像。五是对佛像及佛塔等做种种供养。六是听闻、受持、念诵佛菩萨名号。

问：对于想解脱的人，闻思最为重要，如果有时间和精力，要尽量用来闻思，而不应耽误时间去造塔像、做转经筒等，那样做是执着外相的表现，并不能直接带来解脱。这么想对吗？

答：解脱，首要的是发心，要有出离心。在出离心的摄持下，研习经论有助于解脱，行持其他的善法同样有助于解脱。

我们强调闻思，主要是为了能够如理修行，在信心、菩提心的基础上，以因果、缘起、空性等见解引导，根据传承按次第修行，不闭门造车、盲修瞎炼。强调闻思，不是为了排斥修行。《楞严经》云："虽有多闻，若不修行，与不闻等。"修行不仅仅指打坐、思维理解法义，也包括如前一个问答中提到的各种方式。

许多普通藏族人没有太多闻思，但他们有明确的出离心、真诚的菩提心，平时精进不辍地持咒、转绕，做各种饶益之行，临终时也出现了解脱的瑞相。他们也许讲不出什么大道理，但是他们对上师三宝有坚定的信心。苦也好，乐也好，顺也好，逆也好，一切都是上师三宝的加持，对此真心认同，所以他们能很自然地做到不愁不怨，很自然地串习正念。佛法对于他们，是活法，是具体在一言一行中切实地取舍因果，是朴实的信心体现在日常生活的细枝末节中。

而一些闻思似乎很好的人，讲起佛法来口若悬河、头头是道，最终却不一定解脱，因为没有老老实实用学到的法理来对治自己的烦恼。佛法对于他们只是知识，是用来演讲、辩论的。

也有人闻思了一点儿佛法后，便无端傲慢起来，脾气也大了、想法也多了，一般的人和事都入不了他的"法眼"，满腹我是人非，世间八法的习气不减反增。这样的"闻思"，帮不了自己，也不能引导其他人对佛法生起信心。

20世纪80年代初，藏地佛法衰败、僧才凋零，老一辈的学者、修行者大多离世，能讲解佛法、引导人们学佛的人所剩无几。这个时候，法王如意宝在喇荣创建五明佛学院，大力培养讲经说法的僧才。有人讲法，佛陀的教法，也就是经律论典中所载的内容，才能保存和延续，人们才有机会接触、学习佛法。如今出自法王如意宝门下的法师分布各涉藏地区及海外，成为弘扬佛法的重要力量。

佛法由教法和证法两部分组成。通过闻思经律论获得正确的见解后，要有实际的修持，戒、定、慧，才能把见解化为个人的真实经验，对法界本性的认识才能超越相似的理解和安住。

当年喇荣学者云集，闻思之风鼎盛，法王如意宝却常常告诫大家："闻思很重要，但是修行更重要，修的方法多种多样，像磕头、转绕佛塔经轮、持诵心咒佛号等都是修行。"众生因缘、意乐不同，佛陀便广设方便，教以相应的解脱之法。《大般涅槃经》云："不以闻故得大涅槃，以修集故得大涅槃。"

法王如意宝平时在讲课、传法之外，非常重视放生、做经轮、造塔像等善法。他老人家说过："我们做事要以教证为依据，没有教证的事不要做。做转经筒、造塔像等，能给自他都带来巨大利益，是有教证的。"

《白莲花经》云："何人若于墙壁上，自绘抑或令他画，百种福饰圆满身，彼等皆获菩提果。"自画、自塑或组织倡导修建、塑画佛像，都是日后证得菩提的因。

1987年，法王如意宝朝礼五台山期间，短短三个月内在五台各处塑建了数量众多的精美佛像，这些佛像至今仍然供奉在菩萨顶、善财洞、罗睺寺等处。1995年，法王如意宝带领一批弟子在五明佛学院的南山进行过一次重要的闭关，正是从那时起，法王开始组织和倡导大规模塑建佛像，仅在五明佛学院就制作了数以千计的佛像、祖师像运送到各地供奉。

密续中讲道：与人等高的天然水晶之金刚萨埵像所在之处，将是密法尤其是大圆满法兴盛之处，此身像的出现将成为大圆满法利益无量众生的重要缘起。1997年，因缘成熟，法王如意宝在五明佛学院塑建了如续部所言的天然水晶金刚萨埵像。

传承祖师们的密意宏深，所做每一件事都代表着佛行事业的重大缘起。

1989年，喇荣五明佛学院山门的大白塔落成，法王如意宝倡议在藏地普建白塔，并且说："希望自己能像阿育王一样建造无数佛塔，为现在和以后的众生留下礼敬的对境、殊胜的福田。"

律藏中讲道："任何智者以净心，向此佛塔迈一步，上品纯金一千两，不可为比供塔德。"怀着清净之心朝佛塔迈一步，功德都如此巨大，那么恭敬礼拜、转绕佛塔的功德就更加不可思议了。佛塔若随处可见，众生积累福慧资粮就随处得便利。即使一个普通路人，在看见、经过佛塔时，心中生起一念欢喜、敬意，都是未来解脱的种子。

法王如意宝还在学院专门成立了一个小组，负责做转经筒，每年制作大量如法装藏的各类转经筒。手持型经筒携带方便，法王上师曾说："所有学佛人每人手中一个转经筒，随时随地真修实行、积功累德，我希望自己能看到这样一幕景象。"

转经筒里装藏着数量巨大的经咒或佛号，每转动一圈，相当于念诵了同等数量的经咒、佛号。按人们通常的思维方式，这很难理解，但是佛陀以各种善巧方便帮助、引导众生，佛的智慧、善巧，原本就不可思议。佛法甚深微妙，"一尘中有尘数刹，一一刹有难思佛，一一佛处众会中，我见恒演菩提行"，这样的时空观、缘起观，一粒尘沙中有无量世界，一念越过三大阿僧祇劫，确实超乎寻常。

不仅转经筒有如此微妙难思的功德，凡佛号、经咒以文字、声音等各种形式显现，与之接触、结缘者都能获福德利益。

《药师琉璃光七佛本愿功德经》云："佛告阿难，彼诸有情若得耳闻诸佛名号，堕恶趣者，无有是处。"

《佛说观无量寿佛经》云："智者复教合掌叉手，称南无阿弥陀佛，称佛名故，除五十亿劫生死之罪。"

《十一面经》云："若诵此咒，则被千眼垂视，千手救护，若以此咒加持水，凡喝此水者，业障定得清净，凡听闻此咒或被咒声随风所触之人，亦能清净业障。"

所以，刻嘛呢石、做经幡、念佛、持咒，都是自利利他的无上方便。法王如意宝生前做过大量《大自在祈祷文》经幡，他老人家的许多弟子也继承了这个传统，在各地挂起五色经幡，让风把《大自在祈祷文》的加持送到每个角落。

上师的言传身教，经部续部的教证，此处不再一一列举。

既有教证，就是正法。如果出于偏见和私心，自己不愿做，也劝别人不要"执着"于造塔像、经轮等，说做这些没有很大的意义，这是不是毁谤正法呢？真正有闻思的人应该能够判断。尤其学密宗的人，金刚上师的言传身教是铁律。

和法王如意宝一样，从前的祖师大德们也都很重视造塔造像等善法。大班智达阿底峡尊者晚年仍然坚持每天做擦擦佛像。他的弟子们怕上师辛苦，就劝上师不要亲自做佛像了，由他们来做就好了。阿底峡尊者反问弟子们："我的饭你们能替我吃吗？"

如果说做佛像等是法执深重的表现，那么公认的大学者、大成就者阿底峡尊者到晚年唯一不辍的就是做佛像，是否他也闻思不够、法执深重呢？

《普贤上师言教》中"一尊擦擦像，三人得解脱"的故事，很多人都知道。即使看上去不起眼的善法，比如做一尊擦擦像，挂一面经旗，都能给自他带来不可思议的利益，成为解脱的助缘。

扎西持林闭关院的管家丹增尼玛喇嘛和聪达喇嘛，从年轻时起最大的愿望就是这辈子能好好闭关修行，可是从1994年至今，闭关院的建设就没停过，经堂建好了，要建僧舍；僧舍建好了，要建经幡林、坛城；坛城建好了，又要建经轮、白塔……他们负责管理、设计所有的工程，每天都在施工现场监督、指挥，忙个不停，然而，即使再忙，他们也没有懈怠于持咒。白天事务繁多，持咒总是被打断，往往要到夜深人静，一天的工作暂告一段落，才能安安静静不受干扰地持咒，所以他们晚上睡得很少，常常是彻夜持咒。

他们曾对我说："这些年修坛城、修塔像、修经轮，虽然很辛苦，自己也一直没能如愿闭关专修，可是一想到会有许多人、许多众生因为见到、礼敬、转绕坛城、塔像等而获得利益，结下解脱的因缘，心里就无比欣慰……自己是普通的修行人，没有很大的弘法利生的能力，能够以这样的方式自利利他，真的感到很幸运，所以每天在工地上跑来跑去，都很开心。"

的确，你看他们每天大步流星地在闭关院各处工地巡视，总是笑呵呵的，手里念珠拨得飞快，持咒不断，一边处理各种事情，指挥若定。我劝他们不要太辛苦，毕竟是上岁数的人了，事必躬亲，累出病来怎么办？他们笑一笑，说："修道场的过程中累死，也很好。"

有正确的发心、专注的修持、如理如法的回向，行持任何善法都是解脱之道，正如《金刚经》中说："以无我、无人、无众生、无寿者修一切善法，即得阿耨多罗三藐三菩提。"

佛法讲见、修、行、果。闻思的目的是为了树立正见,防止盲修瞎炼,不是为了排斥修行。排斥修行,本身就是执四相、贪八法的表现,已经是偏离了佛法的正见。如此一来,闻思又是为了什么?

嗔恨贪执生起时

问：当嗔恨贪执生起的时候，明明知道是不对的，可内心却无法一下子平静下来，出现这种状况我们该如何应对，是不是我对因果过患思维还不够？

答：出现这种情况时，不要期望自己能一下把嗔恨贪执全部放下，否则你会被挫败感深深困扰，觉得自己修行没有成效，从而逐渐退失修行的热情。修行需要耐心，要允许自己失败和重来，只要不放弃就好。

能够意识到嗔心、贪心生起已经是进步，接下来要做的是努力不采取行动。尽管内心感受到嗔恨、贪执，但不要把恨和贪付诸行动，也就是说，不要把嗔恨转化为语言和身体上的攻击，不要把贪执之心转化为追求和占有等行为。这样做的同时尽量保持对内心情感变化的觉察，你会发现，当贪嗔生起时，如果不随即采取行动，心里的那股贪执、嗔恨慢慢也就自行消退了。经过这样反复的控制和观察，贪嗔对我们的干扰会减小。

　　事实上，随着正知正念训练的纯熟，我们的心相续会发生很大的变化，变得敏锐、调柔，外境对我们的影响力便越来越弱。

正念法门

问：什么是正知正念？

答：正知指保持对自己身心活动的清醒觉察，了知此时此地。正念是指不离忆念因果、无常、苦、空、无我等正见。

正知正念的训练使我们不再那么容易被烦恼所转。

问：您能否讲一讲在平时的生活中怎样修正知正念呢？

答：正知正念就是随时随地看护自己的身语意，使它们不偏离佛教的见解。

佛陀当年为弟子们开示的四念处法门，是很好的修习正念的法门。观身如身、观受如受、观心如心、观法如法。如实地观照身体、感受、心念以及一切事物、现象，不经由概念、解释，不预设结论，只是纯然、如实地观察、体验，慢慢看见真相，放下执取。这是四念处最初的含义。

这种方法更适合于生活环境和内心比较单纯、质朴的人，他们对事物的体验比较直接，没有太多概念、成见的束缚，所以当被教以"如实观照"时，他们能知道怎样是如实观照。

可是对于另一类人，比如现代社会的一部分人，如实观照的方法或许并不是最有效的，因为内心浮躁、成见深、概念多，又受到各种潮流、价值观的影响，四面八方潮涌而来的信息太多，让他"如实观照"，他一定是大玩概念游戏而不自知，烦恼不但没减轻，反而颠倒得更加自以为是、理直气壮。

曾有一位老僧人，第一次到一个大城市，看见路上各种车辆气势汹汹地穿梭，浓妆艳抹、面目可怖的女子在身边走过，他想："自己肯定是死了，中阴境界现前了，听见巨大、嘈杂的声音，看见光怪陆离的景象，还有张着血盆大口、令人恐惧的罗刹女，可不同书上描述的一样嘛！唉，上师不在身边引导，太不幸了！只好自己引导自己吧。"于是，他赶紧就地坐下来，拿出随身带的法本，开始大声念诵中阴救度文。

你说这位老僧人"乡下人进城，少见多怪"也好，说他正知正念也好，这不是我们在这里要讨论的重点。我举这个例子是想说明：久居城市的人大都对令老僧人惊恐的景象习以为常，甚至以之为美，同样的对境，反应却如此不同！

从佛法修行的角度说，如果太习惯于浮躁和成见，觉察力以及对简单事物的感受力就会越来越弱。这种情况下，很难做到"什么也不做，只是觉察、贴近纯然的体验"，更不用说由此而看到事物的真相。

　　如果一个人从小接触到的文化和价值观是以貌取人、以色相取悦于人，家里的大人、周围的人，都在这么做，那么潜移默化，他长大后对身体、色相的崇尚迷恋就会极其坚固。这就像是观修，他从小到大一直做"身体干净美好"的观想，而且修得很成功。现在你让他去"如实"观察身体的构成和运作，他不可能得出"身不净"的结论，他很真诚地认为身体的真相就是美加净。

　　同样地，对爱情、享乐等情感、感受的过度美化和强调，也是一种全民观修，大家每天接触的信息都在强化内心对这些的执着。

　　这辈子做了几十年"常、乐、我、净"的观想，突然要不观想了，很难，所以对我们来说，狭义的四念处修法更具可操作性，即观身不净、观受是苦、观心无常、观法无我，做反向的观想，先建立正确的见解，然后去串习。

　　我们对世间万象的实有执着，追根溯源都可以归结到对自我的执着上。"自我"由色、受、想、行、识这五蕴构成。其中，色就是这个身体。一般人都贪爱身体，觉得它很可爱，总想把它养得更好、更美一些、更健康一些。在这个过程中，也不断产生着烦恼。

身体是工具，在我们还能利用它时，不要故意去毁坏它，但也不要对它太执着迷恋，那样它就不再是工具而成为障碍了。

对治对身体的执着，应从不净观开始。反复观察人的身体是如何由皮、肉、骨、内脏、秽物等三十多种不净物组成，从而逐渐淡化对身体和外表的迷恋。

现在少有人提倡不净观，因为它太直接，令习惯于温情脉脉二手体验的人们很难接受。不过，越是难以接受，越说明执着深，也就越需要去正视和对治。

不净观可用于观察自己的身体，以减轻对自身的贪恋；也可以用于观察自己贪爱的某个人，以减轻对他的执着。现代人的苦恼很多都是由这两方面而来，为色相、情爱所困，痛苦不堪，非常需要修不净观。

但是，仅仅知道人体由各种不净物组成，并不能自然而然减轻烦恼，否则大家上一堂生理卫生课或者学一点儿解剖学的知识，就不会有苦恼了，又何必修不净观呢？

理解是一回事，观修又是一回事。知识爆炸的时代，人们太容易把知识当成经验了。然而，把菜谱背下来并不等于就能把菜做出来。观身不净不能止于知识层面的了解，也不能止于泛泛地一想而过。应该非常仔细地观想身体的每一部分，在脑海中将身体分解成三十几种不净物，各自摆放一堆。对于这一堆堆心、脑、肝、肺、指甲、毛发、津液、血液、筋、骨、皮、肉、肠、膜、大小便等，观想越鲜明越好，如在眼前。除令人生厌的外观之外，这些不净物还散发着腥臭的气味。事实就是这样，只不过平时被一层皮肤包裹起来，看不见罢了。而这层遮挡真相的皮肤极为脆弱，稍有擦碰就破了，皮开肉绽的样子多么恐怖不必说，即使只是一点点破皮流血，那血液流出来，人看见，自然的反应也是害怕、恶心。

经由这个身体出来的东西，口水、指甲、汗、痰、屎、尿、呕吐物，不管是自己的还是别人的，都没法儿让人喜爱。如果把它们装进一个塑料袋里，哪怕这个塑料袋再漂亮，估计也没人愿意拎着到处走。奇怪的是，我们每天实际上都带着一大袋这些东西，游来晃去、跑跳哭闹的，不但不介意，反而沾沾自喜，还总想把这个袋子弄得好看一点儿。

米拉日巴尊者曾说："令人生畏的尸体，不就是现在的身体吗？"在现代人的经历中，生命更为直接的诸多面貌被遮掩、弱化了，我们没有什么机会去认识生命不太讨喜而实际无从逃避的另一面。

当有人死去，尸体往往是从医院的病房、手术室到太平间，到焚化炉，其他人远远看一眼，再看见的就是一个装饰美丽的小方盒。你很难有机会近距离地观察一具尸体，所以也很难强烈地体会到这个平时爱护有加的身体原来也可以是这副模样。不过，去菜场、肉铺看看，那一扇扇胴体、一堆堆七零八落的骨肉内脏，应该也能有些感受。

有人说："我爱对方就是爱他的一切，他的皮肉血骨我都爱，修不净观也不会有用。"这是没有真正去观修才会有的想法。你对他的爱不是天生的，是长期串习的结果。难道不是吗？在你和他相识之前，你都不知道有这么个人存在，后来认识了，有了好感，接着天天观想串习，爱得死去活来。现在反过来串习，同样认真努力的话，量够了，应该就会有效果的。固有恒一的东西，我们没法儿改变，但既然这感情本是从无到有、人为增强的，那么就能人为削弱。方法是同一个：串习。

生活当中，我们对人对事，可不一直都在观想串习吗？来来回回串。一会儿这个好，一会儿那个好；一会儿高兴，一会儿不高兴；一会儿加，一会儿减，一会儿归零。

修不净观的目的是为了削弱对身体的贪执，并为进一步修人无我做铺垫，与慈悲并不相违。念身不净，对此有深切的感受之后，一方面，对身体的贪恋会削弱；另一方面，看到人们无视身体的真相，枉自贪着、受苦，心中愈发生出悲悯。

寂天菩萨在《入行论》中就把不净观作为入大乘菩萨行的一个基础修法。他还在书中幽默地说："有人说美化自己是为了让别人高兴，让人赏心悦目，既是这样，何不直接去美化别人的身体呢？相信那样也会让他高兴，甚至更高兴。"

讲到不净观，或许有人会觉得这是小乘的修法，与大乘显宗的空观和密宗的清净观是否矛盾呢？

不净观是小乘行者的重要修法，但它不限于小乘，比如麦彭仁波切在他指导实修的显宗著作《净心法要》和《净心引导》中，首要讲到不净观，由不净观开始，一步步修到空性。

不净观的确与密宗的清净观不同。前者是教你如何对治烦恼，后者是直接告诉你烦恼本自清净。比如，你走进一间光线微弱的房间，看见地上盘曲的花绳，误认为是蛇而感到万分恐惧，不净观相当于把"蛇"挑开，这样你就不怕了；而清净观相当于把灯打开，让你亲眼看见地上是绳非蛇，这样你也不怕了。

普通人眼中娑婆世界荆棘、砂砾、丘林、坑坎遍布的大地，实际上广大清净妙庄严，这在大乘显宗是八地以上的菩萨才能见到的，而密宗修行者一开始就如此观修。把一切都观为平等清净，这种修法的前提条件是：对上师三宝有不可动摇的信心，对空性有定解，二者当中至少要有一个，才谈得上修清净观。

密宗上师或许会告诉弟子：他们看见的污泥实际上是黄金珠宝严饰的宫殿。如果这位弟子对空性的见解有所了解和体会，他会知道为什么污泥可以是黄金殿堂，虽然他还不能亲眼见到宫殿，但他有见解做基础，观修起来会比较容易。

或者这位弟子并不懂空性的道理，他不知道为什么污泥实际上是殊妙的宫殿，但他对上师的话深信不疑，既然上师说是，那么污泥就是黄金珠宝是宫殿，毫无疑问，只是由于自己的烦恼障蔽而暂时不能亲眼见到罢了。

这两种人修清净观都是可行的，而且我们可以看出来，后一种人，也就是依靠信心的那种，更加厉害，因为他的正见是直接建立在对境上，中间跳过了知识概念转换这一层，他的清净观受知见的干扰小。就像幼儿学习辨认事物时，大人直接拿个苹果给他看，说"这是苹果"，他或许没有什么"圆的""红的""香甜"的概念，但他知道这个东西就是苹果。

《杰珍大圆满》中说，密宗的根器在信心、精进、念、定、慧当中，最主要的是信心，信心越强，根器越利。学密宗要依止一位真正的具德上师，然后依教奉行，不疑不悔。如果对上师的言教并没有毫不犹豫全盘接受的坚定信心，一听他说连污泥秽土等都本是清净庄严的坛城，世智聪辩的习气马上就跳出来："那么脏的东西怎么会是清净的坛城？根本就是完全不同的嘛！"尽管嘴上不说，或者也跟着说"一切都是清净的坛城"，但内心深处的那个观念没有转过来。密宗修行者往往要依靠对上师三宝的信心，以这种信心不可思议的力量来降服自己的分别成见。

现在是密法广弘的时期，学密宗的人很多，可是一些人却忽视了密法对信心、菩提心，以及忏悔、前行、次第的强调，倒是喜欢断章取义地解释、演绎和实践密宗的一些概念。密法中讲清净观，他们就以为"修密法不必遣除烦恼，因为都是清净的嘛，贪、嗔、痴当然也是清净的。不仅不必遣除烦恼，反而烦恼是可爱的"。"我就是佛，学佛就是学我，修行就是我行我素……"

密法的智慧善巧，一般人看不懂。观万事万物为清净庄严的坛城，不仅因为那是更接近究竟实相的，在《大幻化网》等密续中有诸多关于这一点的教证、理证；而且，从观眼前的泥土为庄严坛城，到观整个大地山河为坛城，观一切尘埃为坛城，在这个过程中，我们对概念的偏执，对贵贱、净垢的分别、希惧，不知不觉间就淡化了。

观身体为佛的坛城，是要你慢慢去体悟年轻和衰老、美和丑、疾病和健康、香洁和污臭、自身和他人与众生的分别，都只是我们的烦恼和业力因缘使然，它们在本质上没有区别。如果说，我的身体是坛城，值得珍爱，那么所有众生的身体都是坛城，都值得恭敬爱惜；年轻健康的身体是坛城，那么衰老多病的身体也是坛城。这样的观修是在不知不觉间削弱对自我、外表、差异的贪爱和偏执。

如果对密宗的清净观缺乏这种基本认识，也没有真正的明师引导和加持，仅凭想当然，是很难修清净观的。

不净观则比较容易入手。这也是为什么大圆满祖师麦彭仁波切和其他许多大德在指导显宗的实修时，都讲到不净观，以此为切入点，进入无我、无常、苦、空的修持。

不仅我们的身体不像想象的那么可爱，我们的感受也是。感受分为苦、乐、舍（不苦不乐）三种。为什么说感受是苦呢？

感受是刹那不住、相续迁流的，没有一体不变的感受。现在是乐或舍的感受，接下去第二刹那，乐受或舍受的因缘具足，还是乐或舍的感受，第三刹那也是，第四刹那也是……如此接续下去，总会出现苦受的刹那。因为依靠前前的刹那产生后后的刹那，前面任何一个刹那缺失，都会障碍产生后面的果，因此，苦受出现前每一个乐受或舍受的刹那都是苦受的因。

道理讲起来就是这样，很简单，重要的是观察和反省，看"诸受是苦"到底是怎样在自己身上发生的。

"心"的范畴比"受"广，包括受、想、行、识，简单说就是观念、概念、思想、各种各样的念头。观心无常，越明确、越细节化越好。比如，看见一件衣服，产生美、丑，或者不美不丑的想法，对衣服的不同部分又会有好、中、坏等想法，乃至对接触到的所有东西都会产生类似的判断，这都属于"想"。可知"想"非铁板一块，而是有种种想，衣服的美想、衣服的丑想、桌子的低劣想、车的中等想，并且每一种想又可一再细分。行、识亦复如是。

在《大宝积经》中，佛陀告诉迦叶："心如河流，生灭不住。心如灯光，因缘所起。心如闪电，刹那不住。"

受、想、行、识皆是刹那不住、生而即灭的，如同流水和灯焰一般，看似持续不间断，实际上每一刹那都不同。"诸受类浮泡，诸想同阳焰，诸行喻芭蕉，诸识犹幻事。"当心里肯定"自己确实是如此"而生起定解时，在不忘失的状态中尽量安住。

如果前三种观察抉择做得好，以其修习力，观法无我便能比较容易。

如上所述，"了了分明地觉察此时此地"就是这样，是在正见摄持下的觉察了知。

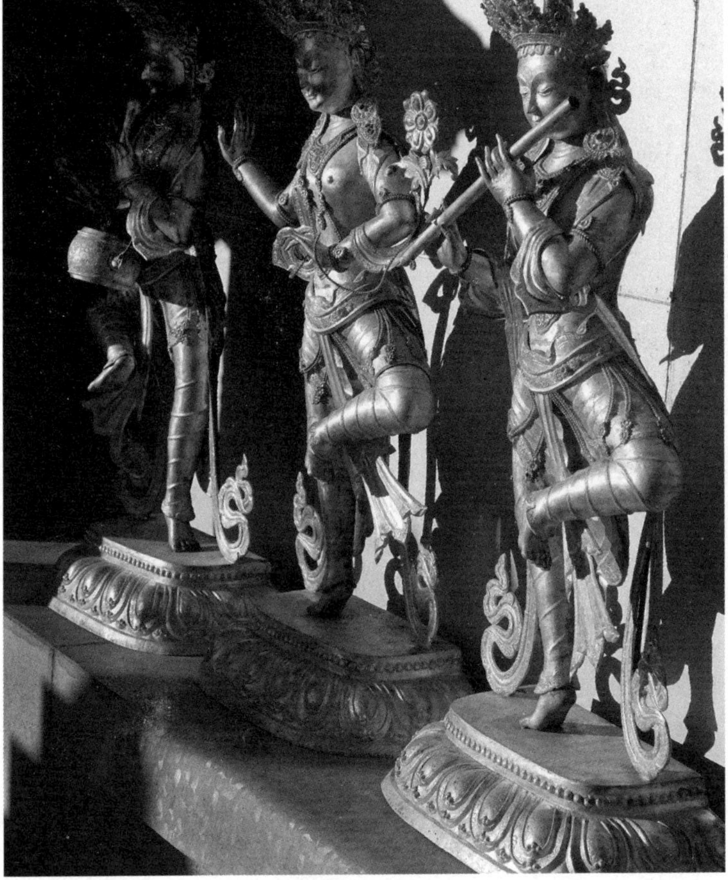

止　观

问：静坐的标准是什么？通常人们所说的止观又是什么？与安住有什么不同？

答：一般来说，静坐依毗卢七法，即两足跏趺，两手定印，脊椎正直，颈部微俯，肩臂后张，眼觑鼻尖，舌尖抵上颚。这是身姿的要诀，然而也不必太过拘泥和强求。两足若无法双盘，单盘或叉腿而坐也是可以的，关键是背要挺直，不可佝肩偻背，东倒西歪。身直则脉直，脉直则风直，风直则心正。

在身姿端正之外，更为重要的是内心安静。如果平常大部分时间都是在散乱中，打坐时恐怕很难坐得住，即使勉强坐下来，也是妄念纷飞，身心俱疲，所以平时要多修出离心，远离贪嗔愦闹。

上座先调整身姿，然后修习止。止，又称"奢摩他"，义为寂止，指心不外散，也不昏沉，一心专注于某一所缘境，了了分明，寂然不动。修习寂止的方法有很多，比如把注意力集中到眼前一个固定的物体上，一颗念珠、一粒小石子，或者是一粒种子。目标物越小、越简单越好，因为那样比较容易集中注意力。如果是较大的物体，或者结构烦琐、五颜六色，你的心思便容易散乱，不自觉地要去分析、取舍。

专注的能力增强之后，可以把目标物换成佛像，佛陀、本尊、菩萨的塑像、画像都可以。慢慢熟悉，最好能达到眼前没有佛像，也能观想出来的程度。

然后再逐渐把注意力进一步集中到佛的心间，让意念停留。华觉江措活佛曾教给我一个诀窍，他说以前开法会的时候，他总是尽量坐在上师法王如意宝的正前方、能看见上师的地方，然后专注于上师心间，慢慢地，观想上师的心与自己的心融为一体，在这种状态中安住。

专注于佛像的同时，要了知此显现如梦如幻，并非笃实地存在。像彩虹一样，看上去明明有，实际上空无一物。

说到彩虹的这个比喻，我发现一些人对此存在误解，他们不知道彩虹只是用来比喻佛像的现而空，并非是说观想佛像时，也要把佛像观成彩虹那样缥缈的样子。实际上观想时，佛像是白色的就应该观成白色，红色的就观成红色，姿态、手势、冠冕、衣饰、五官等等都要鲜明、不混杂。既不像唐卡上那样是扁平的，也不要观成金制、土坯的塑像一样。要观成活生生的形象，实实在在的佛菩萨就在眼前，能跟我们交流，随时会把手伸过来为我们摩顶加持，安慰、庇护我们。这样观想才能逐渐破除对现象的执着，否则，你只观想缥缈的显现，认为那才是现而无自性，等下座后见到并不缥缈的世间万物，你还是不由自主地要生起实执。

观想时，佛菩萨的身体是透明的，这里的关键是："透明"的重点不在于眼见的对象，而在于内心的觉知、感受，也就是说，你心里对"佛身通透明澈"有着一种确知和强烈感受，并不仅仅是说你看见佛菩萨透明的身像。

修习寂止，除了专注于某一外在物体外，也可以专注于呼吸、念头或者面前的虚空，注意力集中在鼻尖气息的出入、心中念头的生灭或者眼前的空间上。

呼吸的轻重缓急与心意密切相关。心烦意乱时，呼吸必定粗重急促；而调整呼吸，能作用于心境，呼吸变得轻稳细长，内心也会随之缓和平静。人紧张时，常以深呼吸来放松情绪，便是一个例证。

以调息的方法修寂止，只需把意念轻轻放在呼吸吐纳上，了知即可，不必刻意控制。出息知是出息，入息知是入息，息短知息短，息长知息长，息暖知息暖，息冷知息冷，保持觉察和专注，呼吸自然而然就会轻长，杂念也会慢慢减少。

以念头为所缘境修寂止，同样是要保持觉察和专注，对象是心中比较平和的念头。不能是太强烈、狂暴的念头，比如震怒、恐惧，这时是不适合以念为缘修寂止的，因为此时的念头力量很大，作为初学者，你觉察也好，关注也好，都止不下来，而我们的目标是寂止。

一般的念头可以用来修寂止。念起时知念起,知念起时念即灭,念灭知念灭。这里要紧的是把握这个觉知的力度。不要太重、太刻意,知道就行了,不用去判断分析,也不用作意:"一个念头生起了""一个念头灭了",否则觉知本身又成为新的念头,乱上添乱。这需要自己好好去体会,也只有通过自己的反复体会,才能明白觉知与念头的差别。

你知道一个念头生起的当下,那个念头就灭了,完全不劳你费力去消除。这时,有了不可得、空荡荡的一种感觉,停在这个感觉上,直到下一个念头生起。可能对于初学者,前念已灭、后念未生的这个空当是刹那即逝,但没关系,多练习会改善的,重要的是抓住那个发现念头消失时空落落的感受,停在上面。

大家务必要警醒,做到这一步仍然是在止的阶段,那个感受远不是证悟空性。有些人打坐过程中稍稍得一点儿止的觉受,甚至只是发现念头消失,就以为自己是证悟了空性。见到念头自生自灭有什么好大惊小怪的?一般人只要肯留心,都能做到。就像大家都能听到声音响起又消失,看到兔子头上没有犄角一样,你不能说你知道声音消失了,看到兔子头上没犄角,所以你见到了空性。

就算是能做到长时间一念不起,住在那个空当上,跟证悟空性也不是一回事。

止若没有观,就谈不上证悟。什么是观?观,毗钵舍那,义为胜观,指观察法性的妙慧和现见法性的无漏智慧。

心安静下来之后，如果有空性的正见和上师诀窍的引导，应该比较容易开悟。非常罕见的上等根器，一开悟或许就能达到很高的境界。《法华经》中龙女八岁顿悟成佛。她把自己最为宝贵的一颗宝珠供养给如来，说了一首偈子表明见地，说完立即就到南方无垢世界现身成佛。若非这等极其敏利的根器，开悟只是初步见到法性，虽说此时对空明的体验是直接的，非由言思理解、推导出来，但是这时的证悟境界还不稳定，还需好自保养，持续增上。

由止后起观，可以看出正见和明师的重要性。如果没有关于空性的正确见解，没有明师应机点拨和印证，恐怕把蒲团坐穿也生不起智慧来，因为不知要起观，也不知如何起观。

正见虽然重要，若无止的功夫，你就没有能力安住，即使有时灵光一现得到些许觉受，也是如虫食木，偶尔成文，根本不可靠。

当然，在一些罕见的例子中，弟子没有修习寂止，而直接通过上师诀窍生起胜观，见到智慧本面后再修寂止来巩固内证境界。

更多的人，连基本的寂止尚做不到，根机未成熟，而过早地接触大圆满、禅宗的见解，依文解意，或者连文字也未必懂，却好高骛远，不肯老老实实从寂止入胜观，只一心想在散乱懈怠中观修空性。胜观哪儿那么容易？

修习寂止的方法除上面讲到的外，还有很多，这里不一一列举。纸上得来终觉浅，再好的方法，不去实践也是枉然。寂止是一切修法的基础。不想认真修行的也就罢了,真心想学佛法、诚心求证的人,须修寂止。

　　止观摄一切定(三摩地)。安住的概念相当于定,包括止、观和止观双运。

八关斋戒

问：什么是八关斋戒？如何受持？

答：根据发心的不同，八关斋戒有人天乘、小乘、大乘之分。受八关斋戒的前提是要有皈依戒，所以八关斋戒仪轨中首先都是受皈依戒。皈依之后，如果发心为健康、长寿、名利、解决世间的难题等目的而持戒，属于人天乘；发心为自身解脱轮回而持戒，属于小乘；在菩提心的摄持下受戒，属于大乘。

大乘八关斋戒又有显、密之分。这里我简单讲一讲受持密宗八关斋戒需要注意的一些地方。

世间、小乘的八关斋戒，在家人受，出家人不能受。密宗的八关斋戒，出家人、在家人都可以受。

发菩提心是受密宗八关斋戒的前提，如果没有菩提心摄持，可能就得不到戒体。

第一次受八关斋戒需要在一位善知识面前受，学处如下：

第一，不杀生。居士戒中的不杀生指不杀人（包括胎儿）；八关斋戒的不杀生，指不杀有情众生，从人到苍蝇、蚊子等小生命都算在内。

走路、开车时不小心伤到蚂蚁、昆虫等，因是无心所致，不构成完整的杀业，不触犯戒律，但是伤及生命终有过患，要好好忏悔。

第二，不偷盗。居士戒中的盗戒，根据涉事财物的价值，有犯根本戒和犯支分戒的区别；八关斋戒中的盗戒，不分价值大小，凡非己物，哪怕是一针一线，不予取，都破戒。

第三，不淫。居士戒只戒邪淫；八关斋戒中的不淫戒涵盖的范围，除邪淫外，还包括正常的夫妻生活。

第四，不妄语。居士戒的不妄语指不说大妄语，不未证谓证，自己实际没有见道而向人宣说已见道。八关斋戒的不妄语包括大大小小所有妄语，甚至只是为了开玩笑而说妄语也不行。

第五，不饮酒。禁食包括酒精在内的所有会扰乱神智、令人癫狂的东西。

以上五条与居士五戒同，只是要求更细致、严格。以下三条不在居士戒中，为的是更进一步戒除贪嗔傲慢之心。

第六，不歌舞打扮，具体有七点，分别是唱歌、跳舞、音乐、花蔓、涂香、涂色、饰品。这里的关键是杜绝以声色歌舞、搔首弄姿、涂脂抹粉来增长我慢、贪心、对世俗的眷恋及诱惑他人。

如果是无意间听到别人播放的音乐，不算违犯戒律。正常擦护肤品也是开许的,只要不涂抹口红、胭脂,描眉画眼,染指甲,喷香水等。常戴的饰物,比如平时一直佩戴的戒指、手镯、项链等,斋戒期间可以继续佩戴。

第七,不坐卧高广大床。本戒主要是戒除傲慢和对舒适的贪恋。"床"包括坐具和卧具,椅、凳、榻、床都算。

以前,家中起居待客,客堂中主人和主客的坐具要比其他人的高一些、宽大一些,通常都是让给身份、地位最尊贵的人坐,因此"不坐卧高广大床"有谦恭有礼,不坐主位,坐卑位的意思。

第八,不非时食。正午的时间以所在地日当正午为准,或是按时轮金刚历法推算,过午不食。

受戒前,最好能全身沐浴,如果实在没有条件,也要洗净双手、双足和脸。

八关斋戒一般是受一昼夜,于当日日出前受,到第二日晨光出,可自见掌纹时,戒体自动消失。

为方便众生培植善根,无著菩萨还依据佛经特别制定了仅受一昼或一夜的八关斋戒,学处与一昼夜的戒律相同,只是受戒的时间是从天亮到日落,或从头天日落前到次日天亮。

持戒最重要的是要有意乐,通过持戒远离热恼,心得清凉。自己欢喜愿意,不是被逼迫的,也不要抱着吃苦受罪的心态去受戒。

问：如果发愿每个月当中受持一日八关斋戒，是否可以根据自己的情况在斋戒日选择一天受持？在家中守持八关斋戒需要注意什么？是否可以浏览网站、发邮件、接电话等等？

答：如果想每月受持一天或几天八关斋戒，那么在第一次受戒的时候，要发心在以后多长时间内，比如是一年、两年还是终身，固定在每月的哪一天或哪几天受持八关斋戒。

为防万一，第一次受戒时还可以发愿：若因特殊情况不能在固定的日子受戒，或者记错了时间，或者忘记受戒，则在第二天补受。这样是可以的。但如果第一次受戒时没有这么发过愿，而是事到临头再改日子，是不可以的。

第一次受戒最好在善知识前受，以后每到固定受戒日，自己在佛像前受持即可。

持八关斋戒是否可以接电话等，要看你受的是哪种八关斋戒仪轨。有的仪轨是戒妄语，打电话、发邮件的内容不能涉及妄语，有的是止语，因此是不能打电话的。

至于浏览网页，八关斋戒中的淫戒包括不邪淫、不非梵行及避免以贪心注视对方。浏览网页时很难保证不出现让你心生贪念的画面，因此自己要特别谨慎。

在家中持戒和在寺庙持戒并无不同，都是要善护身语意。

问：如果怀疑自己守戒当天没有如理如法地圆满八条斋戒，是否戒体就不清净了？需要在具德上师座下重新受戒吗？还是自己按照仪轨在佛菩萨面前自授即可重新得到戒体？另外，清净戒律咒能否还净戒律？如果可以的话，最好一次性念诵多少遍？

答：如果心里有怀疑，就最好重新受戒。有条件的话，应该尽量在戒师前受戒。实在没有条件，自己在佛像前按照仪轨自授也可以。

如理如法地持诵清净戒律咒，当然有用，持诵数量越多越好。另外，念诵百字明也非常殊胜，念诵二十一遍，能使堕罪不再增长，一次性念诵一百零八遍，可酬补所失之戒，念诵十万遍，能清净罪障。

问：破戒和犯戒有什么不同？如果在不知情的情况下吃了含酒精的食物，是否属于破戒？

答：简言之，违犯根本戒是破戒，违犯支分戒是犯戒。无意中误食含酒精的食物应该不算破戒，但在意识到后最好忏悔。

问：修行的过程中，一颗舍己的心重要还是严格遵守典章重要？

答：小乘教法最主要的目的是解脱个人的烦恼束缚，为做到这一点，要放下对自我的执着，也就是"舍己"。大乘教法是放下自己的同时，要帮助他人乃至一切众生，也就是"舍己为人"。所以，修行过程中严格依照教法，就是在修炼舍己之心。

诵念经文

问：诵念经文时，完全不知其含义，还会有帮助吗？有不少经文是梵文或者藏文的，没有翻译成汉文的版本，如果我照着藏文或梵文标注的发音来读，可能会有读错的地方，这样的话会有负面影响吗？

答：许多佛经中都讲道，读诵受持为人解说，功德不可思议。阅读、念诵经文，领受其含义，依教奉行，为他人讲解，都有不可思议的功德。

按照藏文或者梵文发音来念，可能有发音错误、不准确的地方，但不要因此而分心，念诵时有信心、恭敬、专心是最重要的。念诵完毕后，最好念一念元音咒、辅音咒、百字明和缘起咒，以消除念诵中错漏、杂语、散心等过失，令念诵清净圆满。

专注于自己的修行

问：我虽然已经观修了"因果不虚"这一共同外前行，对待业因果的态度比以前谨慎了许多，但是由于智慧欠缺，生活中有很多事情无法如理如法地取舍，有时候把握不好分寸，又担心会让周围的人起烦恼。请问上师，如何能在不让众生起烦恼的情况下，最大限度地取舍因果？

答：这个问题在我看来应该反过来问：如何在正确取舍因果的情况下，最大限度地不让众生起烦恼？因为只有正确取舍因果，才能最大限度地避免伤害。如果不尽力减少伤害，所谓"不让众生起烦恼"就成空话了。

努力管好自己的身语意，谨慎取舍因果，是初学者的第一要务。在修行之路的开始阶段，我们需要更多地专注于自身的修行，而不必太在意周围人的看法，否则我们很容易把对赞誉的希求误认为是随顺众生。许多初学者都在犯这个错误。希望得到赞叹,不想听别人说自己修行不好,因此会努力迎合讨好别人。当然,也需要小心别被自己的傲慢蒙骗,把因傲慢而生的冷漠和固执误认为心无旁骛、道心坚定。

放下,出离,人人会说,可出离不在别处,就在每一个当下一念,不求赞叹、不惧讥毁,不求荣耀、不惧卑微,不求得、不惧失,不求乐、不惧苦。这才有点儿修行的样子。

菩提心需以出离心为基础。学佛的人没事儿总凑在一起,修证还没有得成就的话,就还是凡夫,凡夫扎堆,难免是非。照达森堪布的话说,就是"你也帮不了我,我也帮不了你。凑在一起做啥子?不如各自抓紧时间修行"。他说的"帮"是帮助解脱。

达森堪布是我敬重的一位出家人。扎西持林山上的闭关院、山下的养老院,老老少少的事,他都管,他是大管家。他每天早上三点钟就起床打坐、念咒。除每天的功课外,仅本尊心咒到目前他就已经完成三亿多遍。白天他要忙着僧团的日常管理、道场的施工建设,还要接待远近的乡民,他们跑来求他加持、打卦、超度、解决纠纷。能办的,他都会一脸严肃而又尽心尽力地帮着办。可是他总说:"你们应该亲近真正的修行人,见我这种一般般的修行人,没有用。"

闭关院的年轻僧人很多是他一手带大的,跟他很亲,叫他"阿舅达森"。藏族人家里,舅舅最大。阿舅达森给年轻人上了几年课,后来就不肯上了,说:"我能教的都已经给他们教了,应该有更好的堪布来给他们上课。"在达森堪布的一再恳请下，闭关院前年请来了新的堪布负责年轻人的教学，而达森堪布则把更多的精力放在养老院的管理上。他不间断地给老人们讲佛法、授八关斋戒，带领他们修行，磕头、绕山、供灯。后来他跟我说："我已经给养老院讲了七八年课了，能讲的已经全部讲了，看着他们一百多人坐在那里，我心里不是滋味……我想以后好好地找一个堪布，一年三百六十五天给他们讲课，我也放心。"

"如果我有能力的话，我不怕累。"而一旦把自己能够奉献的都奉献出来后，他就急着要把位置空出来，让给"更有能力"的人。

夏天的闭关院会有比较多来自各地的居士。达森堪布几乎从来不跟大家说笑，也不轻易见人。有的居士不免埋怨，觉得他不够慈悲。话传到他耳朵里，他笑一笑，解释几句："你们从那么远的地方千辛万苦到这里，不要浪费时间，好好修行，见我没有用……我的汉语说得不好，没法儿给你们讲课……我没有引导你们的能力，你们应该亲近真正好的修行人。"他跟大家解释、道歉，过后仍然是不见客。

他的小屋永远房门紧锁。白天他不在家，山上山下忙去了，不忙的时候肯定也是"躲"在什么地方修持，你很难找到他。他没有手机。很多年前，闭关院曾装过一部电话，方便与外界联系。可用了没多久，达森堪布就当着所有年轻出家人的面，把电话机砸了。他不想让这些年轻人从小就迷恋这种"方便"，

辑四　依止上师与闻思修　215

沾染上太多世俗的习气。后来，为了便于联系，也给他配过手机，但这个被达森堪布看作"不给人自由的东西"也很快"不知去向"。

平时开法会，达森堪布说什么也不肯到大众前面的法座上就座，甚至尽量避免在大众面前走来走去，总是躲在后面，找一个不起眼的角落坐下，不知道的还以为他只是养老院来的一个普通老僧人。我想他大概心里在想："我又不是见解脱，让大家看见我，没有用。"

真正的修行人，就是这样，他的随顺众生，不是迎合，也不刻意，是长期专注的修行养成的无诤。修行足够好，别人自然心悦诚服。

闭 关

问：闭关是修炼的捷径吗？为什么？

答：是的，闭关能最大限度地减少外来干扰，使你集中精力专心修法，同时闭关中持续密集的修法也有利于巩固、增上觉受和修证境界。

但是，闭关不是一般的闭门谢客。传统上，对闭关者是有诸多要求的。比如，对所修之法有深入的了解，熟读法本，了达法义，并有一定的实修基础，最好有上师的指导。若是严格的闭关，还要遵循相关的仪轨。

问：为什么有的人走遍世界来修行，有的人独守一个洞窟来修行？不同的方法所得到的修行结果会有不同吗？

答：修行的方式方法是因人而异的，随个人根器、因缘的不同而不同。同一个人在修行的不同阶段，也会根据需要采取不同的方式。

如果是初学者，在戒定功夫未达稳固之前，应该尽可能地远离愦闹，安安静静在闻思法理的基础上，踏踏实实修行，不可东游西荡、散乱度日，把时间白白浪费了。沉静下来，耐住寂寞，这是修行人要过的第一关。

如此恳切用功，渐渐熏习，必能有所进益。尤其修法上初得些消息，刚有个入手之处，更须小心保护，莫忘莫失，最好能常在寂静处巩固增上。

等内证足够稳固，纵使人群之中热闹场里，也随时认得本性时，可以随顺因缘，或行脚天下，四处弘法，或寂寞山林，潜修密证，都是在相应不同的缘起利益众生。

你愿意放弃吗？

问：我们做功课回向时都要把功德回向给众生，在现实生活中比如我给谁一个苹果，我能现量看见苹果到他手中，是怎样给到他的，那么功德回向给众生是怎么给到的呢？我也看不见是否真的给到他了，换句话说，功德是靠什么分享给他人的呢？

答：是靠心的力量。

回向对于我们的修行之所以重要，是因为：首先，它提醒我们放下对功德、福报的执着。不是说行善之后不回向，或者干脆忘掉这回事，就是不执着。行善得福，这是自然感降，你忘不忘的，都会感应到你身上，所以你若不发心把这份福德善根回向给他人，或者回向给一切众生，这福善到头来也就你自己受用了；你若发心把它给出去，其他众生能不能得到另说，至少从你的角度来说，你是在做一个重要的修行，那就是随时准备把自己的劳动成果、自己的福、自己的幸运以及生活中所有的顺遂统统放弃掉。我不知道有多少人在做回向的时候真正地想到了这一点。

你真的愿意放弃吗？真的能够放弃吗？虽然虔诚、精进地修行，但是你面对的可能永远是挫折、责难，甚至苦难；别人轻而易举能做到的事，你却要吃尽苦头才能做到；你总是最不幸运的那一个，尽管你善良并且努力……这样的人生，你能甘愿领受而不辍修行吗？

可是这份放弃对我们的修行来说是何等重要啊，因为除了彻底放弃对自我的执着外，没有别的解脱。

如前面所说，行善得福是自然感降，你放不放弃，都会感应到你身上，只是你有放下的心，是在成全你自己的修行。放下和积功累德并不矛盾。

其次，在舍弃对自我福利执着的基础上，大乘修行者更进一步发愿把这福德利益贡献给一切众生。佛经上说，把善根回向给众生，犹如把一滴水融入大海，只要海不枯竭，这滴水就不会穷尽。如理如法的回向使我们微弱的福报善根得以保存、放大，融入佛菩萨无尽的功德之海，因此回向是分享，更是一种唤醒，唤醒我们自心与诸佛圣众无二的本性。

譬如一室中有千盏灯，每盏灯的光明都遍满全室，灯与灯之间光明互入，光明所及，不分此灯之光还是彼灯之光。圣者证得的心佛众生也是这样。虽然凡夫无法直接见到这种互即互入，但我们时时回向众生就是在一次次帮助自己趋近实相。

放弃，积累

问：为什么说供养有积累资粮的作用？实物供养和意幻供养哪一个更为殊胜呢？如果我们在做水供、花供、食物供等之时，没能按照要求正确供养，会不会有不好的结果呢？那只做意幻供养不是更好吗？

答：佛教所说的"积累"，比如积累资粮、积累功德，落实到修行中，实际做的是放弃。修行者通过六度万行，积累福德和智慧两种资粮。细看这六度，布施、持戒、忍辱、精进、禅定、智慧，哪一个不是在教你放弃？

布施，让我们学习放弃财物、冷漠和怯懦；持戒，放弃逃避之心和种种不良习惯；忍辱，放弃傲慢、焦躁和敌意；精进，放弃惰性；禅定，放弃散乱、攀缘带来的快感和安慰；智慧，是前五度的结果，最终我们将学会放弃对自我和实有的粗大、细微的各种执着。

佛法中有时讲放弃，有时讲积累，实际是一个意思。

回到问题：为什么供养有积累资粮的作用？首先，供养能帮助我们对治贪婪的习气。贪为五毒之首，根深蒂固。杀盗淫妄等恶业，往往由贪而起。放得下一念贪心，烦恼就会大大减少。烦恼少一分，福慧增一分。对初学者来说，积累资粮最主要就是对治烦恼。

其次，供养佛法僧三宝，既是供养住持三宝，也是供养自性三宝。诸佛菩萨都曾发下护持修行者的大愿。凡结缘者，莫不得加被，何况虔诚供养。我们借助佛菩萨的愿力、威德力、谛实语之力，在向圆满自性、向回归自性之道以及道的护持者、践行者们致敬的同时，善巧而有力地对治内心的邪见、傲慢、嗔恼与无明。

供养时发心清净最为关键。无论是实物供养还是意幻供养，发心愈清净愈殊胜。什么是清净？就是内心远离偏颇、极端的想法。佛教所指的"偏颇、极端"范围很广，从粗大的烦恼到细微的执着都算。初学者能做到远离五毒烦恼，就算是清净了。

如果供水、供灯等没有按照要求如理如法供养，会有不好的结果吗？这还得看发心。如果是成心敷衍、不敬，明知不对也懒得改正，那当然有过失。

前面的问答里我们提到《普贤上师言教》中"一尊擦擦像，三人得解脱"的故事：有人在雨天赶路，看见一尊擦擦佛像被弃在露天，为了不让佛像遭雨淋，他随手捡起路边的一只旧鞋遮在佛像上，然后继续赶路。后来另一个人经过，看见佛像上盖着一只鞋,觉得很不恭敬,于是走过去把鞋拿开,再接着赶他的路。这两个人和最初做擦擦像的人,都因对佛生起恭敬心,而积累下福德善根。所以结果如何,很难绝对地仅从行为上去判断,要看发心。

如果有实物供养的条件,而因为嫌麻烦、怕出错,选择以意幻供养代之,这样的发心显然是有问题的,结果会不会更好,你自己应该能判断。

辑五
死生事大

死亡是无可避免的,回避死亡的话题只会让自己在生命的旋流中更加被动。

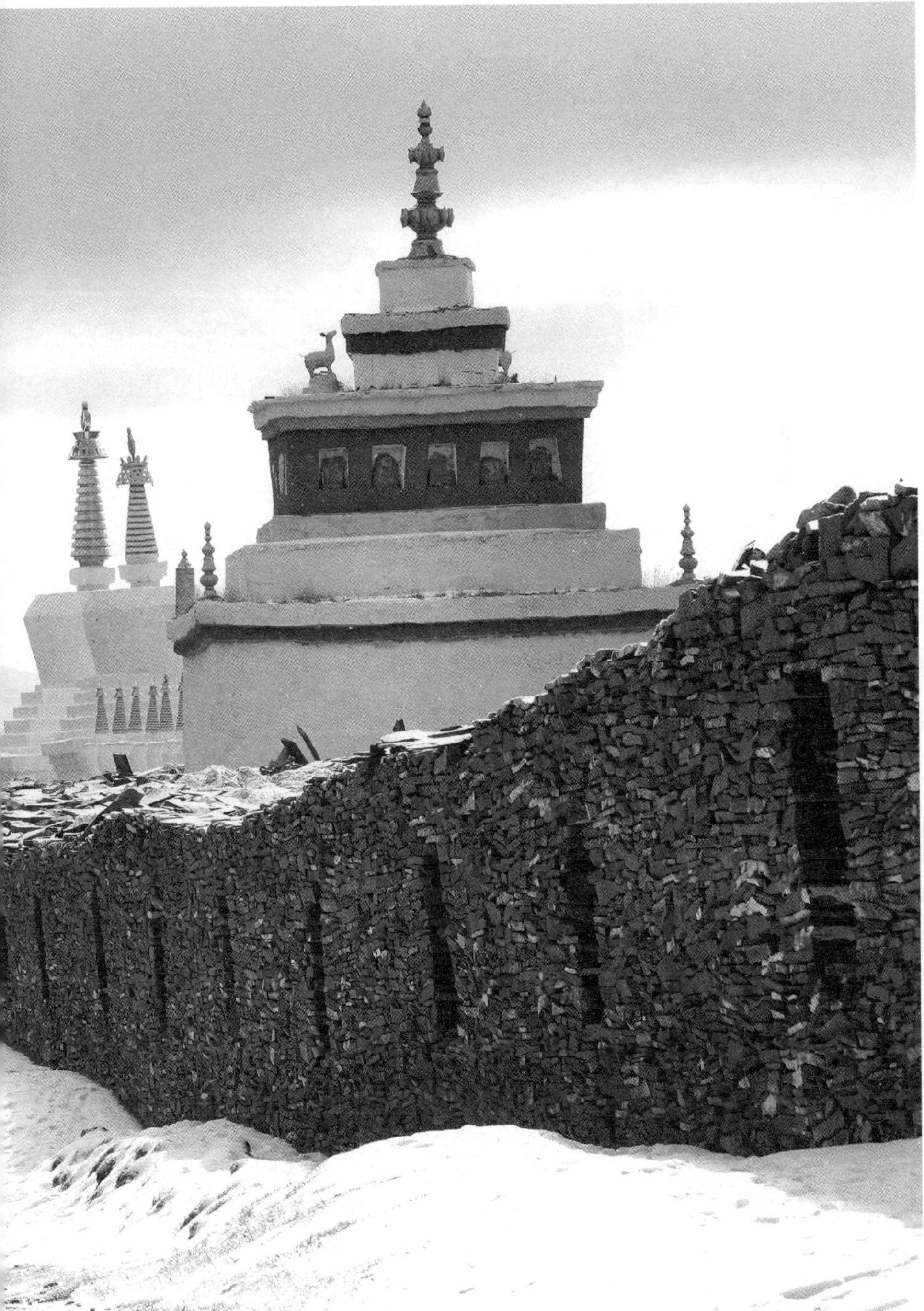

修行者的死亡

问：所有人都需要面对死亡，包括亲友的死亡和我们自己的死亡。对于世俗的人来讲，死亡是一件不太吉利的事情，大家一般都避免谈论它，但是在藏传佛教里对此却有很多探讨、研究，甚至有专门的修行方法。请谈谈藏传佛教是如何看待死亡的，我们应该建立怎样的关于死亡的态度，死亡对我们来说意味着什么？

答：死亡是无可避免的，回避死亡的话题只会让自己在生命的旋流中更加被动。佛法教人以务实的态度看待人生，如果一件事无法避免，那么就正视它，这是最明智，也是最节省精力的做法。

死生相连，生时的修行，行善积福、回向等等，一定会对死亡有帮助，而更为直接、明确的是中阴修法，它教我们在死亡之时具体如何把握解脱轮回的机会。

藏传佛教中对中阴修法最详尽的阐述见于莲花生大士的伏藏法《中阴闻教得度》。藏地很多修行者一生会反复熟悉、观修这本书的内容，临终之时，会尽量请自己的上师做中阴引导，没有条件的话，也会请一位密乘戒律清净的金刚道友，或是戒律清净的密乘修学者，在身边为自己念诵《中阴闻教得度》。这本书非常明确地讲到中阴各个阶段会经历什么状况，临终者或亡者应该如何观想、识别等等。

　　死亡过程中会经历三种中阴：临终中阴、法性中阴、轮回中阴。三个中阴阶段都蕴藏着宝贵的解脱机会，所有人都会经历到，但通常只有修行有素的人才有能力认出并把握住这些机会。

　　临终中阴是指从隐没次第出现到法性中阴之前的这个阶段。人死前会有死亡的先兆，这些先兆称为"隐没次第"。比如，眼耳鼻舌的功能开始逐渐停止，便是外在的隐没次第；而内在的隐没次第，过程迅疾，一般人很难觉察到。密法中有对隐没次第完整而准确的叙述，了解这些内容，当在自己身上发现死亡的先兆后，就应该为中阴阶段的修法做准备了。

　　首先，要断除对世间的留恋。其次，要断除对死亡的恐惧，想到人死之时，财富、权势、亲人，一切都靠不上，自己就要孤零零地走向后世了，好在有中阴救度要诀可依靠，因而心生欢喜，劝自己不要害怕、犹豫，好好安下心来专注于修法。

　　根据华智仁波切的开示，此时修法最为关键的是围绕两个发心：一是下决心一定抓住这次机会，依靠中阴诀窍获得解脱；

二是对往生极乐世界或其他清净刹土生起强烈的愿心。

然后，在这两个发心的摄持下，开始修自己平时修的法，比如观修本尊、上师瑜伽、持念佛号等，反复修持，直到呼吸自然停止。

法王如意宝在《文殊静修大圆满》中讲到此时修法的一个诀窍：于心间将自心观成白色的"阿"字，被风吹送而融入顶上安住的上师心间，上师也越来越高，去往极乐世界。这就是在自心与上师之意无二无别中入定而往生。此修法平时就要反复串习，观想尽量熟练，这样到临终才有把握随时用得上。

当外在的呼吸停止后，人会进入一种昏迷状态，这时内在的感官功能并没有完全消失，身边的声响，比如说话、念佛、念经的声音，仍然能够听见。

在这个阶段过后，母光明出现，也就是生命最原始的状态呈现出来。平时修行中已经证悟自性的人，此时将修证所得的子光明与母光明融合并安住其中，便能解脱。而在一般人面前，光明的出现很短暂，难以认出，更无从把握。

母光明过后，接下来会经历各种巨大恐怖的声音、光色，之后四十二尊寂静本尊、五十八尊忿怒本尊相继出现，这就是法性中阴。这时要牢记：无论听见、看见什么，都是自心的显现，不要被狂暴的声音、刺眼的光线，以及忿怒本尊令人怖畏的形象吓住。文武百尊，认出其中任何一位，迎上去，并安住在本尊与自心无二无别中，都能解脱。

寂静、忿怒本尊不是外在的，他们是我们心的本性。心的本性现空双运,显现的方面就是寂忿本尊的形象。死亡以后,泊于呼吸的业气从左右两脉自然回归中脉,转成智慧气,心的本性现前。所以法性中阴时,本尊是一定会出现的。而绝大多数人由于不懂中阴教法,生前也没有见过本尊的画像,不知道死后涌现在眼前的这些形象是本尊,是心的显现,因而会惊慌失措,奔驰逃逸。对于绝大多数人,法性中阴是在极度惊吓中过去的,根本谈不上利用其中解脱的机会。

生前修行比较好、境界较稳定的人,法性中阴的过程中本尊出现的时间会相对较长,这对亡者来说是非常有利的,因为他有更多时间和机会去认出本尊。修行不太好的人,本尊显现的时间会较短。

《中阴闻教得度》中讲到第一天会有哪位本尊出现,他是什么样子,会有什么颜色、形状的光,如何去区分解脱的光色和轮回的光色。第二天会有哪位本尊出现,何种形象,伴之以何种光色,等等。如此所有百位本尊按顺序一一现前,又一一过去,都有详细描述。而实际上,每个人具体的经历会有所不同。有的人,某位本尊现前不是一天就过去了,而是持续很多天。有的人,本尊现前只是瞬间,他惊魂未定的,来不及辨认,本尊已经过去了。

当所有本尊都显现并过去,而亡者没能抓住其间任何一个机会解脱,那么接下来就要进入轮回中阴,也就是要开始投生了。

中阴境中不见日月,没有昼夜,常如黎明曙光微露或黄昏时的景象。中阴意生身具有五种神通，依各人业力，五通之力有强有弱。能随念力往来大千世界，随想即到。能见人间世之种种，而人道众生见不到他，中阴身若因为所见所闻而心生恼恨，则会堕入恶趣，所以一定要尽全力避免生起嗔恨心。从这一点，我们也就知道平时在日常生活中遇事平和、不嗔不恼，养成这种习惯有多么重要。如果一辈子都是这样，死后到中阴境，遇事也会是这样。

投生前，在业力牵引下会经历不同情境。比如见宫殿楼舍辉煌庄严，或和风煦暖园林美好，心生喜爱而想进入，便是投生善道的先兆。若感狂风暴雨而急于躲避，便是投生恶趣的先兆。若即将投生人道，会见有男女交合。于男生贪，即自感女身。反之，即感男身。

出现这些投生的先兆时，要努力作清净观，把见闻觉知到的一切观想成佛的坛城，心里猛厉祈祷上师三宝加持自己获得成就，或者了知现象皆为心的显现，不可执着为实或为外在，于是专注于这了知，并逐渐安住在心的本性中。这样做，在马上就要投生、中阴解脱的机会已所剩无几的最后时刻，仍然有可能阻断生死之流，获得解脱。

在轮回中阴的过程中，如果实在没有解脱之力，则应该为自己选择一个好的投生去处。虽说生在哪一道，穷通富贵，都是随业而转，但须知中阴阶段的心力乃是极为关键的缘起，只不过一般人都是糊里糊涂被业风吹送，在中阴境忽忽东西，不知道在此时用心，更不知如何选择好去处。密法中详细讲道，如果最终也没能防止投生的话，那么如何观想、如何选择，能为自己创造好的转生，比如选择转生到修行者的家庭。

以上简单地讲述了一名修行者在死亡过程中是怎样延续平日的修行的，这里所讲的是比较典型的情况。具体到个人，中阴各种经历、景象出现的顺序、时间长短等都会依因缘业力而变。比如，某些根器极为敏利的人，即使平时修行中并没有证悟自性，但在临终中阴母光明现前时，在上师的引导下，也有可能当即证悟而获得解脱。这种情况非常罕见，不过也再次说明了因缘的不可思议。

作为普通人，我们不能寄希望于到中阴阶段再去修行。对于绝大多数人，都为时已晚。《中阴闻教得度》的教言已经很明确：中阴解脱，有多大的把握，取决于平日的修行。

生死无憾

问：关于临终诀窍，《修心七要》里说："虽然平时我们对任何罪过都要有后悔心与恐惧心，但在临终时，却不能对以前造过的罪过有后悔与恐惧之情。"这和临终时至心忏悔有什么矛盾的地方吗？

答：《修心七要》中所说是针对有一定基础的修行人。他们平时谨慎取舍因果，精进修行，积资净障，在戒、定的修持上都相当稳固了。这样的修行者在临终时，能依仗长期熏习养成的坚固信心和定力，完成此生最后的修行，这时应尽量减少杂念和其他干扰，努力使心专注于修法上。

米拉日巴尊者说："我的宗教是生死无憾。"这实在是甚深微妙之修行诀窍！生时无憾，包含了从严谨持戒、精进忏悔到安住于空性法界等所有的实际修持；死时无憾，既是行者修持境界的一种体现，也是他临终的修行要诀。

对于平时没有扎实修行甚至不辍造恶的人来说，临终至心忏悔是必要的。通过祈祷和忏悔，把强烈的后悔和恐惧之心转化为对佛和净土的信心、希求心。

简单的临终引导

问：我妈妈得了癌症，已快走到生命的终点，我非常想学一些临终引导的方法，却不知从何学起，衷心祈请您开示。

答：劝你母亲持诵阿弥陀佛圣号，一心发愿往生极乐世界。你也要多为她放生、念佛。

临终时，周围环境尽量安静，最好能帮她面朝西方，右侧吉祥卧。这种姿势对亡者有极大助益。

助念的人在她头部附近以清晰柔和的声音念佛，并轻轻扯动她头顶的头发，把她的意念集中到头部来。

某些经续中讲道，神识一般会由以下九门中的一处迁出：一、头顶梵净穴是往生清净刹土之道，神识从此处出将得解脱，因此临终时心念专注于头顶梵净穴相当关键；二、神识从眼出，会投生为转轮王；三、从左鼻孔出，将得清净人身；四、从右鼻孔出，转生为夜叉；五、从双耳出，转生到色界天；六、从脐部出，转生到欲界天；七、从尿道出，转为旁生；八、从有门出，转为饿鬼；九、从肛门出，下堕地狱。

每个人的因缘业力不同，死亡时神识迁出的具体情况也是因人而异，但总的规律是：神识越往上出，转生的去处越好，越往下越糟。在亡者近旁的人因而要避免触碰她的下肢或在她下半身周围嘈杂，以免其注意力被吸引过去，神识往下走。

人临终时内心极其恐惧散乱，要劝慰鼓励她放下一切牵挂，一心念佛求生净土。

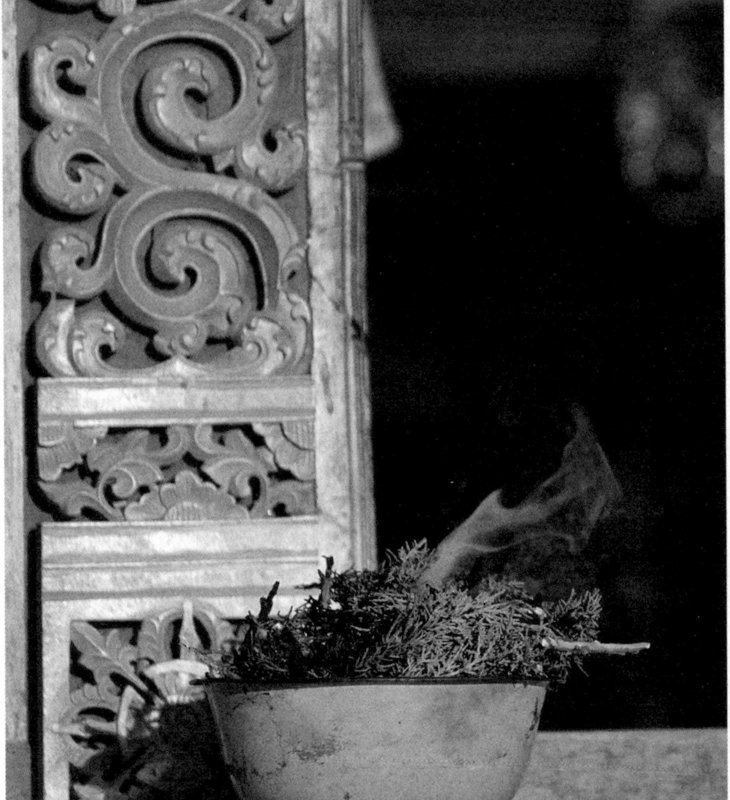

死生与共

问：现在有些人为家里的亡人请僧人做法事，开销不算小，请问这样做真的对亡者有利益吗？或者只是一种民间信仰的心理安慰，觉得这样做了之后算是给亡者和自己一个交代，心里最起码好过一些而已？

答：如果请的是真正的僧人，念的是真正的佛经和往生仪轨，对亡者确实是有帮助的。

为亡者做超度，除了请僧人做法事，还包括供斋、布施、放生、刻嘛呢石、做经旗等各种善法，除了能超拔亡者的痛苦，生者也能获得利益。《地藏菩萨本愿经》中说："若有男子女人，在生不修善因，多造众罪，命终之后，眷属小大，为造福利，一切圣事，七分之中而乃获一，六分功德生者自利。"为故去的亲人做法事，生者亡者都得到功德利益。

知道自己能够为已故的亲人真正地提供帮助，这对于生者来说当然是极大的安慰。一些人多年走不出亲人亡故的阴影，一个重要原因就是他内心深深的遗憾和无奈。人与人之间，包括至亲骨肉，总不免有该做而没做的事，该说而没说的话，该修补而没有修补的伤口，突然之间生死相隔、再见无期，他不知道自己还能做些什么。这种伤，有人带着一辈子。

对亡者的临终关怀和对生者的心理救助，在许多地方都越来越受到人们的重视，这是社会心灵共建的重要部分。如果失去亲人的人知道自己不是在独自承受苦难，有很多人愿意帮助、愿意分担，他内心的压力、孤独和怨恨就会慢慢地释放掉。

在藏地，家里若有人面临死亡，其他人一般都会尽力去为他请僧人来做临终引导，让佛法带他走过死亡的惊恐、混乱和剧痛。人死后，活着的人不会沉浸在自己的痛苦中，因为还有比悲伤更重要、更有价值的事要做，那就是为逝者做超度法事，真正去帮他。家里人无论老少也都会为亡者发菩提心、念经、念咒。他们的悲伤是伴随着内心的笃定的——没有太多东西好遗憾的，现在做的每一件事都能帮助到逝去的亲人。

扎西贡布和扎西桑泽是两兄弟，几年前，他们的父亲突然病逝时，兄弟俩一个十三岁，一个十一岁。弟弟扎西桑泽在父亲去世后，哭着找到达森堪布，说："爸爸不在了，能请到上师为爸爸超度，我们全家都感到很幸运。爸爸生前最大的愿望是我和哥哥能穿上僧衣，成为戒律清净的出家人。请堪布收下我们，让我们跟着您学习佛法，希望以后能正式受戒出家。爸爸一定会高兴。我和哥哥如果能在这里出家的话，福报太大了。"

我们一定好好修行，把功德回向给包括爸爸在内的一切众生，愿他们离苦得乐。"

这个十一岁的孩子很懂事，他劝母亲："不要哭，哭是没用的。我们要多做真正能帮爸爸的事。"

他们母子三人把家里所有的财产都用来为逝者做超度、放生、供灯、做经旗，没有太多考虑自己日后的生活。他们说："牛羊什么也没有，能活下去，我们为什么不能活下去？"

后事办完，他们的母亲就出家了，兄弟俩也认真地修学佛法。各人都在以自己的努力帮助着逝去的亲人乃至一切众生。

亡者如生，生者无憾。

如果你曾经历过失去至亲的痛苦，你就知道这份笃定和信念对生者是多么大的安慰、鼓舞。

带上我的祝福去他生来世

问：内地一些丧葬习俗，比如迅速处理尸体、哭丧、杀生宴客等，根据佛教教义往往会给亡人的转生带来一定的负面影响。如果有一位福报足够大的老人，在死后极短时间内有幸被上师超度到极乐世界，在这之后，家中不信佛的亲友才开始按照世间的方式处理尸体和办丧事，这时生者造下的杀生等恶业对已经往生的亡者有没有影响？极乐世界是不退转之地，家人的恶业会不会把往生之人"拉"下来呢？

答：如你所说，极乐世界是不退转之地，真的往生到那里去了，是不会被"拉"回来的。然而问题是能不能往生净土。往生，如其他事情一样，也需要因缘具足才能办到。临终时要对阿弥陀佛有信心，有往生极乐净土的强烈意愿，有了这两个至关重要的因缘，再加上其他助缘，才有了往生的条件。如果错过临终往生的机缘，进入死后中阴阶段，情势就会变得更加难以把握。

人死后到再次投生之前，会经历法性中阴、轮回中阴，这一阶段有长有短，因人而异。

生前修行比较好的人，可以利用这时出现的机会，在上师的引导下实现解脱。

生前没有什么修行的，如果在死后中阴的关键时间点，福至心灵地听到度亡念诵，生起欢喜意乐，且超度的上师真正具有摄受、超拔亡者的能力，种种因缘恰巧在瞬间聚合，亡者也能解脱。

对于没有修行基础的人，解脱的时机一闪而过，在慌乱嘈杂的中阴境界里是很难把握住的。一个人倘若在生前意识清醒、痛苦尚未那般剧烈地搅乱内心的情况下，不能对弥陀净土生起欢喜向往之心，也听不进上师说的话，那么没有理由确信他在死后中阴阶段就能反其常态地突然有了信愿。

然而，即使亡者在死后中阴没能抓住往生诸佛刹土的机会，请上师、僧众为其念经超度仍然会极大地帮助他减少痛苦。

很多人对超度不太了解，以为只要念经超度了，就必定是往生净土，解脱轮回，其实不然。如前面所说，往生净土需要超度者和亡者两方面的各种因缘和合，时机稍纵即逝。如果错过，超度法事的作用则是帮助亡者远离恶趣，投生善道，积累福报资粮，以尽早解脱轮回。

比如在《地藏菩萨本愿经》中就讲道，地藏菩萨往昔曾为光目女，得知其母死后转生恶趣受大痛苦，便发心广做供养，并请僧众念经超度，因而她母亲很快便脱离恶道，转生到天界。

以前，藏地的大成就者华智仁波切有一次为一个七十多岁的亡者超度，仪轨念到中间时，他哈哈大笑起来，停止了念诵。后来他向少数人提起此事说："那次我们超度的那位老人，仪轨尚未念完，他的神识已经转生到三十三天去了。当时看着眼前白发苍苍的尸体，我不禁想：一个老人竟然跑得这么快！因而不由得笑起来。"可见，即便真正的大成就者来超度，也不是一律都能超度到净土去，但毫无疑问的是，超度者能力越强，亡者离苦得乐的机会就越大。

在藏地，人们会为亡故的亲人反复做超度法事，就是因为一次超度不能保证他从此解脱轮回。亡者没有出轮回的话，那么每一次超度都能帮助他减少痛苦，增长福报，这不仅仅限于死后四十九天内。即使亡者再次投生后，前世的亲人为他做的超度法事，仍然能不断地帮到他。

我的外祖父在我出生前就过世了，外祖母在我几岁时过世，几十年来，我的母亲只要一有机会就一定会请僧众为他们超度，并不断地为他们做经幡、刻嘛呢石等。如今，母亲自己也八十多岁了，但每年仍坚持至少为她的父母做一次超度法事。这样做的人在藏地还是比较多的。

净业之因

问：如何才能往生极乐净土呢？念佛做得到吗？

答：有关往生极乐净土的方法，在《佛说阿弥陀经》《佛说观无量寿佛经》《佛说无量寿经》等经典中有详细阐述。我之前在《同生极乐国》这篇文章中对此也有讲解。简而言之，往生极乐世界需要具备往生四因并断除五无间罪和谤法罪。在往生四因中，明观福田、发清净愿尤为重要，它们涵盖了积资净障和发菩提心。念佛的同时要有坚定的信心和真诚的发愿，这很关键。

问：师父在《同生极乐国》中说"念佛即能往生",又说要"明观福田""积资净障""发清净愿",那这几个修行步骤得到的往生净土的结果会是一样的吗?如果只念佛不观想、不清净业障、不发菩提心也能往生吗?临终时,念佛、观想、发愿哪一个更重要?

答:往生净土有三辈九品之分,这分别就是从平时的修行而来。专心念佛就是观想,就是清净业障,就是发菩提心。

临终时,若能向往净土,那一刻的心必定恳切,心力也强大,这个时候念佛、观想、发愿,能做到任何一个,三个就都做到了。

问:除了发愿临终无碍之外,我们在临终四大分离遭遇混乱、昏迷之际,若无上师在身边临终指引,该如何对治,顺利往生?在混乱的境界中,又如何能清晰地看见阿弥陀佛,并随佛往生?

答:这要仗平时修行之力。虽然佛经中明确说,临终十念,必定往生,但平时十念的因缘要具足都不容易,更莫说临终,所以平时就务必要精进修行,回向净土,临终才靠得住。

心的保护者

问：念佛时如何做到心静？心无杂念的境界好难。

答：作为初学者，不要等到心完全安静下来再去念佛，那样的话，你很难有机会开始念佛。相反，你应该通过念佛使心安静下来。心里越乱的时候，越要果断地提起佛号、心咒，把散乱、四处攀缘的心收回来。心咒又称为"心的保护者"，持咒或念诵佛号能够让我们的心不外散。通过长期、耐心的训练，我们会慢慢习惯把越来越多的注意力放在持诵的心咒或佛号上，即使在嘈杂、混乱的环境中，内心的专注和宁静也不易受到影响。

念佛的时候发现自己杂念纷飞，是因为此时你的心比平时安静，所以才会察觉到杂念纷飞。就好像一瓶水，静置一段时间后，里面的泥沙杂质才会看得更清楚。这是很好的开端，不用去管杂念，坚持念佛，假以时日会见到成效。

初学者往往以为凡事都有窍门，总想找个机巧的法子，其实最大的机巧就是坚持，串习。一件事，做十遍不成功，就做一百遍；一百遍不成功，就做一千遍。反复坚持做下去，熟能生巧。

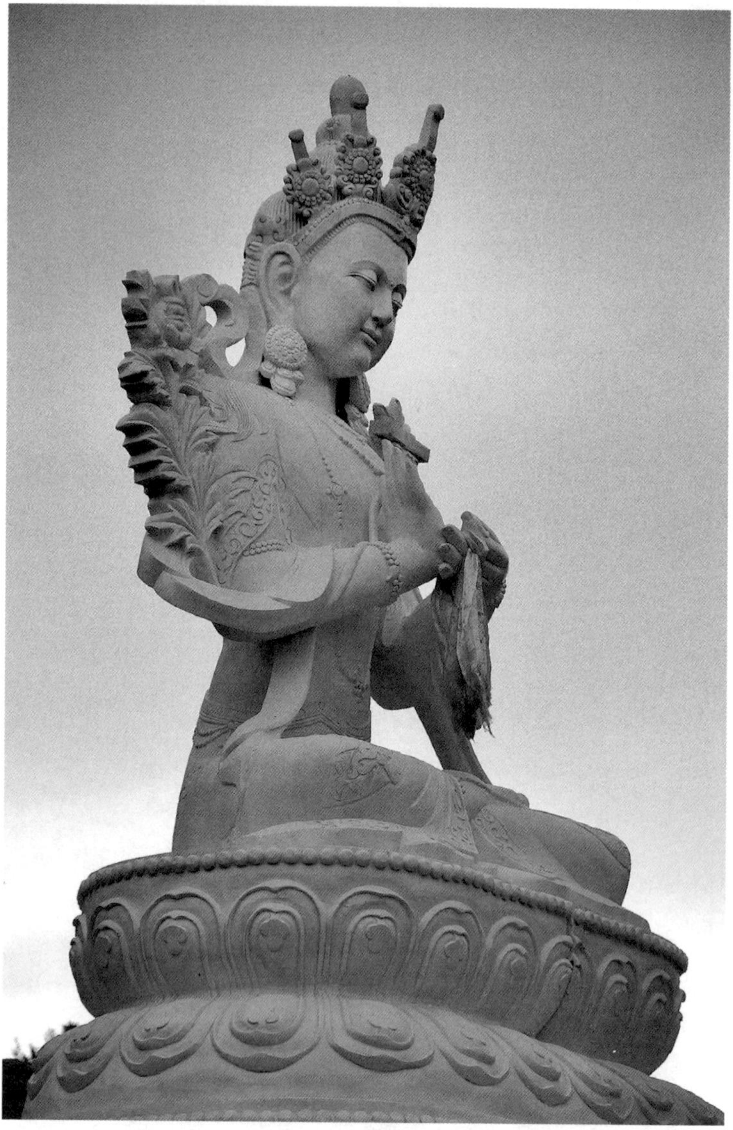

花开见佛

问：为什么往生净土发菩提心非常重要？

答：根据《佛说观无量寿佛经》，往生分九品，发菩提心是上品往生的必要条件。

经中讲道："上品上生者，若有众生，愿生彼国者，发三种心，即便往生。何等为三，一者至诚心，二者深心，三者回向发愿心。具三心者，必生彼国。复有三种众生，当得往生。何等为三，一者慈心不杀，具诸戒行。二者读诵大乘方等经典。三者修行六念，回向发愿，愿生彼国。"这里的"深心"，即上求佛果、下化众生之菩提心。在信愿和菩提心的摄持之下，戒律清净，不杀生，深入大乘经典，修行精进勇猛，这样临命终时，能感得上品上生。

"上品中生者，不必受持读诵方等经典。善解义趣，于第一义，心不惊动，深信因果，不谤大乘。以此功德，回向愿求生极乐国。行此行者，命欲终时，阿弥陀佛与观世音大势至，无量大众眷属围绕，持紫金台，至行者前。赞言，法子，汝行大乘，解第一义,是故我今来迎接汝。""行大乘",自是发了菩提心。

"上品下生者,亦信因果,不谤大乘。但发无上道心,以此功德回向愿求生极乐国。"无上道心,即菩提心。

经文中讲中品、下品往生时,就没有再提发菩提心这个条件。大家可以自己去查阅,这里不再赘述。

问: 往生极乐世界者全部都是在莲花中出生的吗?花开见佛非常重要吗?怎样才能花开见佛,得佛授记?

答: 往生极乐世界者并不都是立即在莲花中出生,比如有些带着疑惑往生的人,就暂时无法在莲花中出现,而是出生在边地七宝城中。这在《佛说无量寿经》中有记载。

往生阶位较低者,花开之后会见到观音、势至二位菩萨,听菩萨宣讲妙法后,经过不同的劫数,悟入相应的果位,再辗转递进。

比如,《佛说观无量寿佛经》中讲到下品上生者,"经七七日,莲花乃敷,当花敷时,大悲观世音菩萨及大势至菩萨,放大光明,住其人前,为说甚深十二部经。闻已信解,发无上道心。经十小劫,具百法明门,得入初地。"

发菩提心,精进修学大乘法门,回向净土者,根据修行程度的不同,临终时会感应阿弥陀佛及其眷属以不同形式前来接引,往生后花开见佛,得佛授记。

以火烧木，木尽火灭

问：有人日日精进修行却始终放不下自己，因为始终秉持对往生净土的功利之心。为去往极乐世界而修行的人，与一位内心清澈善良，却没有机缘接触佛法的人相比较，死后谁去往净土的机会更大？

答：净土法门是三根普被，利钝全收。根器敏利者，在真正出离心和菩提心的摄持下，求生净土。而我执比较重的人，他手里拿个苹果，直接教他放下会很难，用大西瓜去换，他就高高兴兴地把苹果放下了。净土法门即是这样巧妙地把深重的"我执"转化为出离心：极乐世界说不尽的美好庄严，那里的人受用丰足、诸事遂意、智慧广大……这样好的去处自然让人生起向往之心，不知不觉间对周遭的贪恋就减少了。所以希求往生净土的心与一般的功利心虽然看上去挺像，但一般世俗的功利心增强对轮回的执着，而求生净土之心抵消轮回的力量，两者是不一样的。

　　严格地说，行善积德、求生净土是一种执着，但初学者无法一下放下所有的执着，只好一步一步来，先借助对善的执着，去逐渐远离对恶的执着，然后才是善恶俱泯。正如以药治病，病愈药停。又如以火烧木，木尽火灭。

　　人格贤善是学佛的基础，没有这个基础，所谓"精进地闻思修"究竟能在多大程度上有助于心灵的解脱，真的很难说。然而，仅仅有贤善的人格，没有对西方净土的信心和希求心，是无法往生净土的。不是阿弥陀佛不慈悲，实在是凡事有因才能有果，没有信愿之因，就不会有生西之果。这也就是为什么佛法中反复强调出离心的原因。没有出离轮回的心，正直善良、修德修福只能成为在天界、人间享福的因，却无法出离生死烦恼的轮回。

横出三界

问："把往生净土称为"横出三界"，这个"横"字怎么讲？

答：净土宗祖师蕅益大师曾说："出三界火宅，有横竖两途：以自力断惑超生死者，名竖出三界，事难功渐；以佛力接引生西方者，名横超三界，事易功顿。"

横出三界有一个比喻的说法，三界（欲界、色界、无色界）犹如一根竹子，众生犹如竹子里的虫，虫要到竹子外面去，有两个办法：一个是沿着竹子往上爬，爬到竹子顶端就出去了；一个是就地在竹身上咬个洞，也能出去。众生全凭自力求解脱，如竖出三界，须经过漫长、反复的努力，就像虫竖出竹，在爬向竹顶的过程中会一再掉落，往往进一步退十步；而借助阿弥陀佛的愿力往生净土，如横出三界，不需往上走，直接从人道解脱轮回，就像虫子咬穿竹身，所用时间相对短很多，且没有堕落的危险。

自有缚无法解他缚

问：为了和我一样饱受烦恼恶业折磨的如母有情，我为什么不发愿继续在娑婆世界积累资粮、护持佛法呢？虽然可能风险会高，但这是佛陀教导我们的道理啊。

答：继续在娑婆世界，分两种情况：一种是菩萨智不住三有、悲不入涅槃，出于悲心，乘愿力、神通入轮回救度众生；一种是凡夫循业流转，因业力牵引不得出轮回。如果是自己已解脱了烦恼束缚，有能力跳出轮回，而由于悲心仍然发愿在娑婆世界积累资粮、护持佛法，那是菩萨的愿行，我由衷地赞叹随喜。如果自己还没有解脱烦恼，也不发愿往生，完全是因为业力而流转轮回，自己的烦恼恶业都还没办法清净，又怎么去教别人有效地对治烦恼？

学佛不是纯粹的搞学问，就算佛学知识丰富，知道去除烦恼的整套方法,但自己若没有实践、亲证,是很难指导、帮助别人的,就像一个不会游泳的人下河救人,人救不了,自己还需要救援,因为不谙水性,甚至可能把别人往深水里拖。

流转轮回不像一般想象的那样简单有趣。今生为人,来世不一定能继续做人,很可能会堕落到三恶道中。一旦投生恶道,想积累资粮、断恶行善就非常难了。饿鬼道、地狱道不用说,我们现量可见的旁生道中,绝大部分旁生都是以杀生度日的。像海洋中有的大鱼一顿饭要吃掉几吨小鱼,小鱼一顿要吃掉无数的浮游生物。一个个都是杀业累累。即使福报浅薄到只能投生到永远见不到亮光、冰冷漆黑的海洋深处,或者炙热的火山熔浆里,无时无刻不遭受冰火的酷刑,这些旁生仍然只是醉心于彼此争斗杀害,你死我活,心相续中满是贪婪、嗔恨。它们生来如此,别无选择。相比之下,做人实在太幸运了,因为人就算再潦倒,再走投无路,也还是可以选择不杀生、不造恶业,而仍能活命。

投生人道也并非像有些人以为的那样,轻易就能忆起宿命,在前世修行的基础上继续今生的修行,积累资粮。菩萨尚有隔阴之迷,我们凡夫经过十月住胎的剧烈痛苦,基本都会把前世忘干净。况且投生人道有可能投生到边地、业际颠倒之处,或感得喑哑残缺之身等,总之想再具足十八暇满修学佛法,实在不容易。

佛陀教我们发愿往生极乐净土,就是因为大多数众生不能在一世之内通过修行尽除烦恼,所以要往生净土、出轮回,得

辑五 死生事大 255

不退转，再接再厉修行，直至圆满佛果。在极乐世界得阿弥陀佛授记的菩萨，都能于须臾间前往无量佛世界，恭敬供养诸佛，迅速积累福慧资粮；都能化身无数百俱胝，以慈悲善巧救度、引导无边无际为烦恼所迫的有情众生。

　　认为发菩提心就是发愿流转轮回救度众生，可以说是对菩提心的一种误读。佛陀教导我们发菩提心，是为帮助一切众生离苦得乐、究竟解脱，而发愿证得佛果。愿菩提心有三种：国王般的发心、船夫般的发心、牧童般的发心，这三种发心虽有差别，但都发愿圆满觉悟、证得佛果，没有哪一种发心是立志循业流转的。佛经有云："若自有缚，能解他缚，无有是处。"你自己的手脚还绑着呢，怎么去帮助他人解绑呢？

　　大乘佛子发愿在娑婆世界积累资粮，护持佛法，救度如母有情，这很好，但自己先要努力解脱烦恼，才能给众生切实带来暂时和究竟的利益。

空与净土

问：既然是诸法空相，那么极乐世界这些花语妙香、金沙宝树又有什么可向往的呢？

答：首先，众生的根器、因缘不同，所以佛陀因材施教，传授不同法门，使不同特质、偏好的众生都能有适合自己的解脱之法。有的众生更容易对讲解空性的法门生起欢喜信心，佛陀便教他们"诸法空相"的道理，从"空"悟入实相；有的众生更容易对净土法门生起欢喜信心，佛陀便教他们念佛求生净土。"空"也好，"净土"也好，都是方便、手段，都是指月的那根手指，你若能顺着手指所指的方向看到月亮，就好了，何必纠结这手指是胖是瘦。

其次，空性不是指断灭，不是要守着一个"空洞洞"。《金刚经》云："以无我无人无众生无寿者修一切善法，即得阿耨多罗三藐三菩提。"你看，佛陀并没有教我们学一个"空"，就抱着这个"空"的概念不放，什么也不做，什么也看不上。"色即是空"，极乐世界是空性的，向往净土之心也是空性的，而"空即是色"，空性不坏显现，空性与极乐世界、求生净土丝毫也不矛盾。

只有圆满无上正等觉的佛陀，才真正跳出了因果的牢笼，自由自在。佛陀虽然不作意世俗因果，但在众生面前又自然不逾越世俗因果的规律。而我们这样的凡夫，完全受因果的支配，更应该谨慎取舍因果，尊重因果的规律。对阿弥陀佛有信心，发愿往生净土，因缘具足就能往生阿弥陀佛的净土。一般人仅仅听闻空性的道理，没有实际的修证，烦恼不会自动清除。如果对佛没有信心，也不发愿往生，自己也没有清净业障、尽除烦恼，那么就只好继续在六道中轮回。因果就是这样，不会错乱。在见解上，我们不怕高卓；在行为上，我们要敬畏因果。

以楔出楔

问：若极乐世界如经中所描述那样美好，是否又给了众生另一执念，对极乐世界的执念？

答：以前做家具或房子的时候，要把一个楔子拆下来，方法是用另一个楔子去打它，这叫"以楔出楔"。手上扎了刺，用另一根刺去挑，就能把它挑出去。同样地，要初学者一下放下所有执着是很难的，所以佛菩萨方便接引，以执着去执着，教我们先用对净土的执着去除对轮回的执着，等真正往生净土之后，花开见佛，至少是现见空性登地菩萨的境界，自然没有了对净土的执着。

我们凡夫这一颗心就没有不执着、不攀缘的时候，不仅会对净土执着，佛陀教授的任何一个法门，我们都可能对之执着。佛陀说"无常"，我们便执着于断灭；佛陀说"常"，我们便执着于恒常主宰；佛陀说"空"，我们便执着于虚无。其实，"无常、苦、无我、不净"也好，"常、乐、我、净"也好，都是为了对治我们的执着。

净土法门甚深微妙，根本不是我们凡夫以分别心随意揣测，能尽知其殊胜之处。无论是初学者还是老修行，无论是普通根器还是上根利智，都可修学净土法门，得真实惠益，所以恒沙世界无量诸佛莫不赞叹阿弥陀佛极乐净土，劝导众生发愿往生。

在我们这个世界上，藏地汉地，古往今来，持教大德、大成就者，积极倡导净土法门的，不计其数。像我们每天念诵的《显密念诵集》里就有近现代藏地著名的大成就者、不舍肉身直接飞往清净刹土的乔美仁波切所作的《极乐愿文》，大圆满祖师、文殊菩萨示现人间的麦彭仁波切所作《极乐愿文》。当代宁玛派最伟大的上师法王如意宝一再发愿：凡与他结缘的众生都能往生极乐世界。这些无论在见地还是修证上都令我们高山仰止的大成就者们，如此倡导净土法门，难道他们都执念深重、不明白空性为何物吗？七岁就造出《定解宝灯论》的麦彭仁波切，难道还要我们去提醒他不要执着吗？

佛陀悲心恳切，开示此易行难信之净土法门，使凡夫能不经累劫苦行，借佛威力而得出三界、解脱轮回，我们应该珍惜感激。

念佛圆通

问：往生极乐和明心见性二者是什么关系？我们应该先追求哪一个？

答：这个问题，《楞严经》中《大势至菩萨念佛圆通章》已经给出答案。世尊请座下的大菩萨、大阿罗汉们讲讲自己都是怎样成道的，大势至菩萨就说："彼佛教我，念佛三昧。譬如有人，一专为忆，一人专忘。如是二人，若逢不逢，或见非见。二人相忆，二忆念深。如是乃至从生至生，同于形影，不相乖异。十方如来，怜念众生，如母忆子。若子逃逝，虽忆何为。子若忆母，如母忆时，母子历生，不相违远。若众生心，忆佛念佛，现前当来，必定见佛，去佛不远，不假方便，自得心开。如染香人，身有香气，此则名曰香光庄严。我本因地，以念佛心，入无生忍。今于此界，摄念佛人，归于净土。佛问圆通，我无选择，都摄六根，净念相继，得三摩地，斯为第一。"

有人在此世界明心见性后，往生极乐净土；也有人往生净土后明心见性。

辑六
护 生

哪怕只能帮助一个生命减少痛苦,我们的努力都不会白费,都有意义。

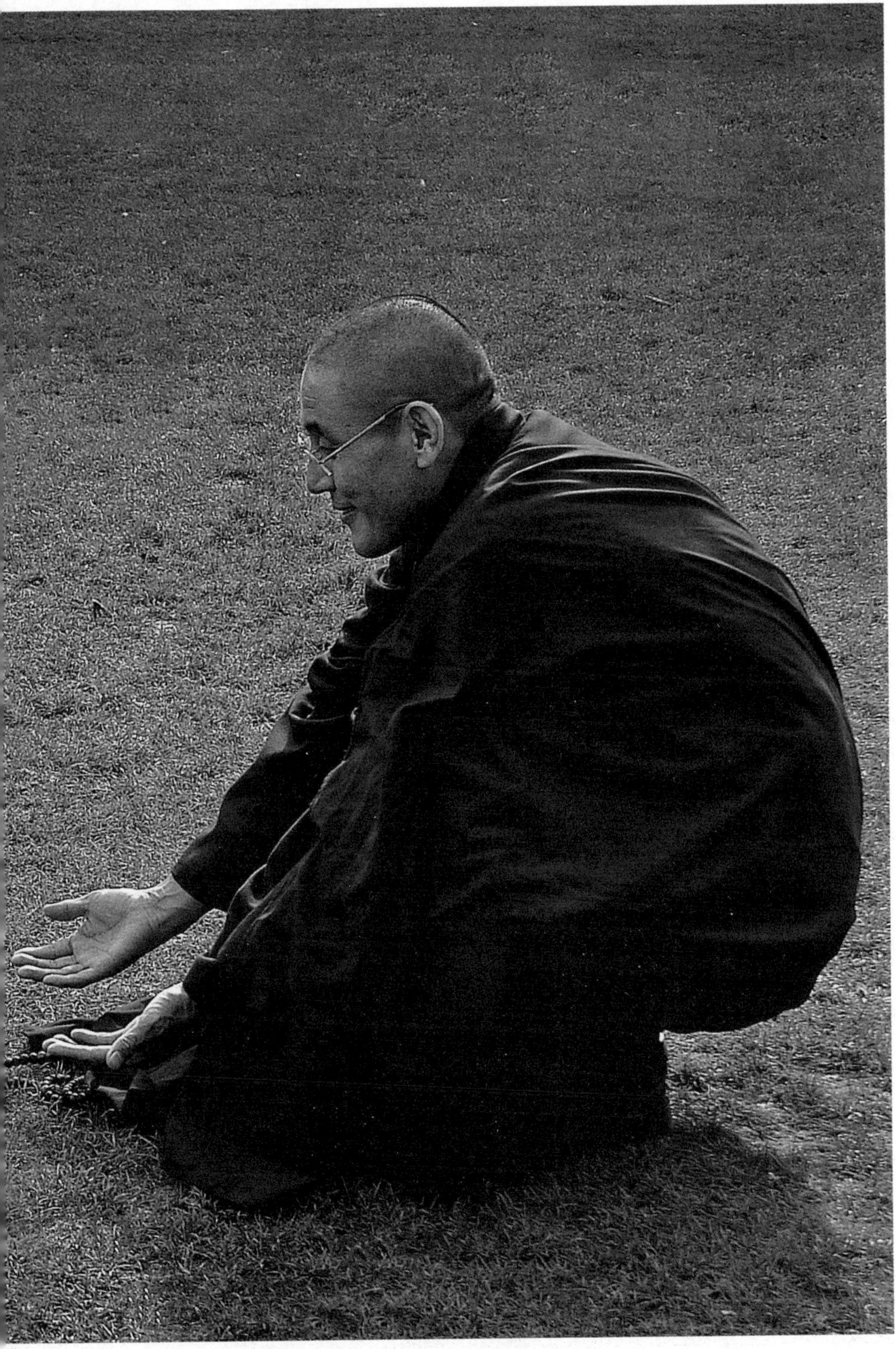

最珍惜的莫过于生命

问：什么是放生？

答：放生，顾名思义，就是从屠刀下、牢笼中把动物解救出来，让它们活下去，还它们以自由。不管你是不是佛教徒，也不管你有没有宗教信仰，都可以放生。

对一位大乘佛教徒来说，因为他关注的不仅是帮助其他生命远离眼前的危险，他还希望众生能够从根本上摆脱死亡和痛苦，所以他不满足于单纯地把鱼虾放游江海、让飞鸟回归山林，他要充分利用放生的宝贵机会，通过佛教的放生仪轨，使被放的生命与佛法结缘，在它们的相续中播下未来解脱的种子，这样，这些生命便能得到暂时和究竟的利益。

问：放生的意义是什么？

答：从被放生者的角度说，它暂时远离了死亡的恐惧和痛苦，如果是按照佛教仪轨放生，则能听闻到佛菩萨的名号、心咒、佛陀的教法，接触到甘露水甚至系解脱，并由此因缘在未来究竟解脱一切痛苦。

从放生者的角度说，我们通过如理如法的放生培养菩提心，迅速积累福德和智慧资粮。同时，积极放生也是在创造善知识长久住世的殊胜缘起。

问：我发心放生，应该如何做？

答：可以用少量的钱随时看到需要救度的有情随时放生，也可以筹够一定金额后一次多放生一些。

问：众生如恒河沙一样多，我们放生的只是其中小小的一部分，能有多大意义呢？

答：首先，哪怕只能帮助一个生命减少痛苦，我们的努力都不会白费，都有意义。

解救有情的生命需要具备因缘。佛陀虽然圆满具足十力四无畏，也只能度化有因缘的众生，就像阳光虽遍照世界，而盲者却看不见一样。放生也是这样，即使你富如帝释天，也不可能买下所有的生命来放生。众生无边誓愿度，重要的是我们有这个发心，然后尽自己的能力去帮助众生。

问：很多信众喜欢在佛菩萨诞日、吉祥日放生，这样好吗？

答：这样很好，其他时候也好，但是一定要观察自己的发心。如果是为了执着功德，意义就不大了；如果发心是为了使众生在殊胜日得到更多的利益就很好。

问：同样的钱，我们怎么样更合理地用于放生？

答：不存在合理不合理的问题，只要是发心清净、尽己所能去放生就好。

不要抱着功利的心态去上供下施。比如，花两千块钱放生一头牦牛好呢，还是花同样多的钱放生一百条鱼好呢？是放这种鱼好呢还是放那种鱼好？这个真的很难说，关键看发心，要把帮助众生解脱痛苦放在第一位。其实你在这样比较权衡的时候，你关心的已经不纯粹是牦牛或鱼的福祉，你还很在意放生活动是否能在最大限度上满足你的目的，比如，完成承诺的放生数量或者获得更大的功德。

放生时一味追求数量，弃大舍贵、择小选贱是不可取的。慈悲心、菩提心的首要层面是平等，如果只放个头小、价格便宜的动物而故意避开那些大的、贵的，或者只挑好存活、生命力强的动物，就不平等了，很难圆满四无量心、菩提心的修持。

总之，放生时最好不要带着拣择的心事先想好要买何品种，应当遇见什么，就买什么放生。

如果放生规模较大，难以临时去市场遇见什么买什么，而要事先订购，则应该尽量确保所买的是将被送往市场、供人宰杀食用的动物。

问：放生时因条件所限，能否请别人替我放生？

答：如果发心清净、真心随喜，出钱请别人代为放生与自己亲自放生，功德应该是一样的，这么做也是如法的。不过，条件允许的话最好还是尽量亲自放生，身语意三门圆满之善业具有极大的利益，所以不可轻易忽视。

问：有人说，放了一种生命，以后就不可以吃了，是这样的吗？

答：吃素很好，希望大家有条件的话都尽量吃素。吃素主要是出于慈悲，放生也是出于慈悲，两者都是因为慈悲。不能说：不吃某种动物的肉是因为放生过这种动物。也不能说：放生某种动物是因为不吃这种动物的肉。无论放没放过生，都应该尽量不吃肉。

我们是平等的

问：为什么信仰佛教的许多人拿很多钱去放生，而很少看到他们拿钱去帮助那些现世的人呢？真的希望能有更多的公益活动，帮助那些偏远山区的孩子，还有患病的孩子。我想现世人的疾苦也应是信佛之人所关注的吧？

答：帮助众生的方式有很多种，佛菩萨救护众生的方式是我们无法想象的。寂天菩萨在《入菩萨行论》中说道："路人无怙依，愿为彼引导，并作渡者舟，船筏与桥梁。求岛即成岛，欲灯化为灯，觅床变作床，凡需仆从者，我愿成彼仆。"

佛教徒心怀一切众生的疾苦，对六道众生具有平等的慈悲心。假使你有这样的印象，认为佛教徒只放生动物，不帮助人，可能是由于你对佛教徒的了解还不够多。其实社会上各行各业都有佛教徒在以个人的身份、以个人的名义或团体的名义在积极帮助他人、奉献爱心，建立孤儿学校、养老院、扶贫医院，从事各种公益活动。在灾难到来时，也总有大量佛教徒在前线与后方无私无畏地救援，慷慨地捐赠。他们做这些事的时候，往往都是默默无闻的，很少曝光，更不会刻意去宣扬自己佛教徒的身份。而且，除物质上的帮助外，很多佛教徒还在精神上给需要的人以帮助，让孤独者感到被关心，让空虚者感到充实，让绝望者重新生起希望，让迷茫者逐渐找到生活的方向。

问：把放生的钱拿去救济赈灾，不是比较实际吗？

答：一般的情况是要专款专用，放生的钱就用来放生，不要挪作他用。至于个人手里的钱，是发心用来放生，还是发心用来做其他善事，这就看自己的意乐了。如果有条件，两头都能顾上，自然是最好。如果财力有限，那么就随缘吧，碰上什么就做什么，但求问心无愧，尽心尽力。

问：每个人都戒杀放生，将来这个世界上动物会不会太多，成为禽兽世界？

答：万物的生存各有因果业缘，共业别业各不相同，所以不会出现你说的那种情况。

问：提到放生，有些人都不屑一顾，为什么？

答：社会上的确有一些人不理解佛教的放生行为，也许他们还没有认识到生命之间是息息相通的，他们也低估了自己身上善的潜力。

最近一次我们在唐山附近放生，参加的人很多，都不是佛教徒，有些人以前从来没有放过生，他们说平时看见餐桌上的螃蟹从来不觉得可怜，但是那天看见一箱箱螃蟹被五花大绑，想起这种动物长了那么多腿却被捆绑着寸步难行，它们就这样被绑着长大，被绑着活活蒸熟，到死都动弹不得。想到这些，大家都非常难过，仔细把所有螃蟹身上的绳子都解开后再把它们放归大海。那天，我们在甲板上顶着烈日为螃蟹松绑，花了很长时间，有些人的手都划破了，但是没有人不耐烦。看见鱼蟹们终于在海水中自由邀游，大家都很开心，包括第一次参加放生的人都惊讶地发现自己内心无法抑制地生起慈悲和喜悦。所以我总认为对放生有成见的人应该参加一次放生活动，再去判断放生这件事是否有意义。

也有一些佛教徒对放生没有太大热情，认为这个很初级，聪明的佛教徒应该去研究空性等高级法门。其实空性慧与大悲心是无二无别的，修行人不可能在缺乏大悲心的情况下证悟空性，而放生是培养大悲心的好方法。

哪怕救度一条生命也是有意义的

问：母鱼肚子里的鱼子有没有生命？

答：生命的诞生需要有神识的加入。母鱼肚子里的鱼子，有些是有生命的，有些没有，但我们普通人很难辨别。放生鱼子时应该也放生了很多生命，而破坏它们可能也损害到了生命，会有很大罪过。《地藏菩萨本愿经》上记载光目女的母亲特别喜欢吃鱼子、鳖蛋之类的东西，最后堕落恶道受报。

问：我们放生的时候经常会多照顾一些大肚子的鱼妈妈，这样会不会是分别心？

答：是分别心，但是这种分别心非常有意义。对越是痛苦的众生，佛菩萨的悲心越是深切。

问：如果动物放生以后，活不了很久，要不要放？

答：在经过细致的观察后，还是放了好。因为我们找不到一个完全不死的地方，重要的是先使它们远离死亡的怖畏，其他的事再尽量做到。此外，放生不仅是对有情的无畏布施，使它们脱离暂时的死亡恐惧与痛苦，更重要的是对有情的法布施，在它们的相续中种下解脱的种子，使它们未来一定能解脱轮回的痛苦。

问：放生的动物，有些已经严重受伤，放了也未必可活，何必浪费金钱？

答：有这种想法是因为没有真正平等地看待众生。如果说我们的亲人受伤、生病，我们一定不会眼睁睁看着他们受苦、等死。我们会尽全力去救他们，哪怕能延长一天生命也好。大乘佛子应该把对亲友的这份慈悲逐步扩展到所有众生身上。

我们的问题是没有认真把放生当作一个修行的过程，而只是把它看作一种宗教的、集体的活动，所以才会产生这样那样的疑问。如果我们真的用心去做，去修心，很多问题都不成为问题。

问：有的动物在放生过程中死掉了，怎么办？

答：很多问题的答案都可以归结到发心上。发心对修行至关重要，它不仅决定了修行的结果，也在很大程度上影响着我们的见解和修行途径。如果我们的发心是为了众生远离痛苦并最终究竟成佛，那么我们在行善、在修行中的疑问会少很多。

因为工具、因缘及种种不利因素，尽管你已经尽心尽力，有的动物还是在放生过程中死掉了，有人担心这样会造下杀业，要承受杀生的果报。因果的问题极其复杂，唯有佛陀能明了一个行为的全部因果。我们只知道，若具足杀生的四个分支，即有明确的杀生对象，有杀生意图，采取杀生的行动，造成死亡的结果，当事人将完整感受杀生的果报。大家可以根据这四条去判断一下自己的行为。

我们若是以三殊胜来摄持放生善行的话，就会知道这些中途死亡的动物将和其他放生的动物一样，由于我们的发心和回向，与佛法结上殊胜的缘分，得到三宝的加持和未来解脱的利益。有些善根比较大的动物会在听闻到佛号或接触系解脱、甘露水后，很快投生善趣。所以，有些动物不幸中途死亡，我们与其无理地自责、懊悔，不如为它们念诵经咒，把放生的功德回向给它们，祈愿它们早生善趣或净土。

动物的生命力有强有弱，比如说鱼，有些鱼能够承受比较远途的运输颠簸，氧气不足也不会马上死，而有些鱼则不太容易存活。尽管如此，我们还是应该平等地解救它们，不能心存好恶取舍。我们的发心不是减少它们的痛苦吗？大家想一想，一条鱼，即使不幸死在放生过程中，它所承受的痛苦也远远小于留在菜市场活活被人剥皮抽筋、掏心挖肺的痛苦。更何况它们还受到法布施，结下未来解脱的因缘。

问：放生后的动物吃掉了其他动物，这是我们的过失吗？

答：这样的情况可能发生，但是如果救某人以后此人再造恶业，我们就不救人了吗？我们发心解救生命是没有过失的，至于每一个有情，各自有各自的因缘业报。因果不虚。

当然，我们在放生前，应该尽量对放生场所进行考察，了解那里现有物种的情况，避免把它们的天敌放生过来。

问：对市场上的那些人工饲养的畜禽，怎么放生？

答：大家可以集资建立放生池或动物欢喜园，或者拜托可靠的人喂养这些畜禽直到它们自然死亡。像每年秋冬之交大肆屠宰牦牛的时节，我们都会在屠宰厂买下很多牦牛，为它们念诵经咒，用甘露水、系解脱等加持，然后运送到藏地托付给诚实可靠的牧民饲养。

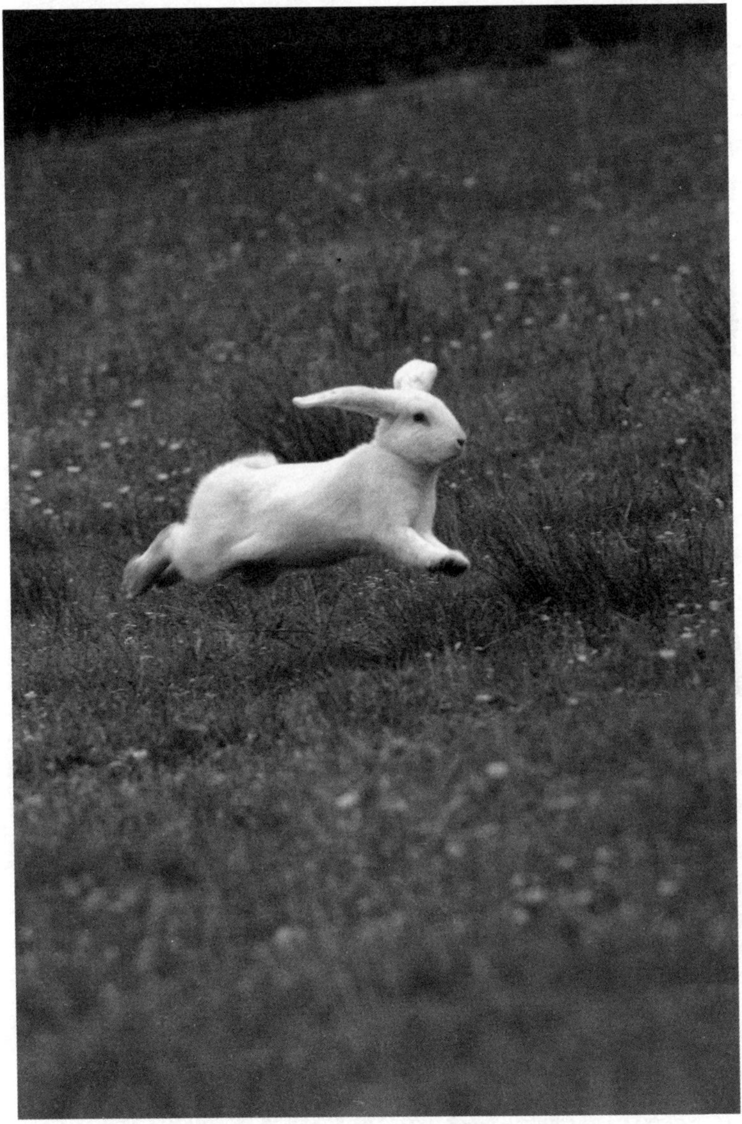

尽己所能

问：我们放生购买动物时，与商贩打交道应该注意什么？

答：尽量不要提前向商贩明确表示或暗示将要买生放生，这样他们就无法通知亲朋好友带上捕捞工具事先赶往放生地点，等待放生活动结束后捕杀鱼蟹等。

问：怎样观察选择好的放生环境？

答：要尽量找安全的地方放生，尽量避免放生动物再度遭到捕杀。比如，不要故意把鱼类放进鱼塘、渔场，这种地方是专门养殖鱼虾供人捕杀的，我们把动物放进去，它们很快又会被捞上来送进菜场、餐馆。前几天我碰巧遇到几名美国佛教徒拎着几袋刚从市场买来的鱼准备在一家饭店大堂的水池里放生，饭店的保安马上过来阻止。我不知道美国的情况，但根据我的经验，在成都即使保安不阻止，那些鱼放进水池也很快就会被人捞上来吃掉。后来我们开车把这几位好心人带到一条河边，帮助他们顺利地放生了鱼儿。

我们还应该观察物种生存的环境，比如，故意将野兔置于人多的地方，水鸟放于山地，鱼儿放入被污染无法生存的河流水域等是很不如法的。

放生的环境最好适合念诵和举行放生仪轨。前面我们讲了，放生过程中，法布施至关重要。如果放生仪轨念诵时间较长，那么不必等到仪轨全部念完再开始放。参加的人员可以分工，一部分人念诵仪轨，一部分人边念佛号、心咒（如果熟悉仪轨的可背诵仪轨）边放生，两部分同时进行。

问：劝杀生的人转行，却害了人家生计，爱畜生不爱人，是否合乎情理？

答：杀生并不是一种体面轻松的职业。如果你去过屠宰场或者市场的水产畜禽区，你一定会对那里的残酷血腥、肮脏恶臭留下深刻印象，在那里站上一会儿，你大概都会受不了。想想那些以杀生为业的人，他们可是成年累月在那种环境里生活。他们忍受如此的折磨，目的却是为了不停地造恶，而造恶的果报是更惨烈的痛苦。这是一个令人痛心的恶性循环。劝人摆脱这种恶性循环，不是很好吗？不做杀生的职业，对今世和来世都有利益。

问：遇到捕杀放生动物的人，该怎么办？

答：放生时遇到这样的人，应该以善言相劝，不要对他们生起嗔恨，他们是因为不懂因果取舍的道理而造杀业，实际上他们更可怜。

问：对菜市场上一些将要被宰杀的动物，我们在无法救度的情况下施以甘露水有意义吗？

答：很好，有很大的功德，随喜这样的行为。最好在这样做的同时，为这些动物念诵佛菩萨的名号和心咒。

问： 有的上师在带领弟子放生时将系解脱搁放在所放生命的头上加持，这样有什么意义？

答： 将系解脱搁放在所放生命的头上加持十分重要。凡是系解脱接触的那些生命，很快就能解脱。这也是佛度化众生不可思议的一种方便。

问： 佛既然有系解脱这样的方便，那为什么不用这种方便来度一切众生呢？

答： 续部上说，只有一些有大福德特殊因缘的众生，才能遇到这样的法，不是所有众生都有此福德。

解脱的种子

问：放生一定要按照仪轨来进行吗？

答：佛教中放生的仪轨很多且各不相同，但概括起来都不离三殊胜。行持一切善法要以三殊胜来摄持，这样行善的功德才能日日增上，直至成佛永不灭失。三殊胜指的是加行发心殊胜、正行无缘殊胜、后行回向殊胜。

具体就放生而言，为了一切众生远离苦因及苦果，并且最终证得无上正等觉、究竟成佛而放生，是加行发心殊胜。

正行无缘殊胜指放生时善根不被外缘毁坏。不被外缘毁坏，必须证悟基大中观、道大手印、果大圆满。对初学者来说，要做到这一点太难了。如果放生时，将放生者、被放者以及放生的过程等本性观想为空，显现如梦如幻，能生起这样的见解，也可代表初学者的正行无缘。如果暂时做不到这样，也要在放生时尽量放下执着，心不外散。比如说，念佛号、心咒的时候，不要嘴里念，心里却在想别的，柴米油盐、人我是非。总之，要时刻提起正念，专心向法。

后行回向殊胜，就是放生结束后，将所有功德回向给六道轮回一切众生，这能使善根与日俱增，无以穷尽。

问：放生为什么要授皈依及念佛号、心咒？

答：我们放生时应该发大悲心，为被放的动物念诵皈依仪轨、佛号、心咒，希望它们此生命终后不再堕入三恶道，并在未来值遇佛法，最终获得解脱。

《具义索经》云："闻此观音咒藏之有情者，若于旁生耳边诵此咒者，彼等解脱恶趣后，必将往生西方极乐世界。"

《莲花冠续》云："仅仅一诵一作意或身一触'唵嘛呢叭咪吽'，亦能清净五无间罪、近五无间罪等一切罪障，从八无暇、三恶道中解脱后，不再受身语意三业的痛苦，并从野兽、罗刹等一切非人及一切疾病畏惧中解脱，亲见由证悟法身后所显现之色身圣尊。"

问：为了赶时间，我经常一边提着放生的动物飞奔，一边念仪轨，而袋子都没打开，我很担心它们听不到，怎么办？

答：最好让被放的众生听到念诵的声音，这样它们能得到听闻佛号、心咒的功德。但是无论被放众生能否听到念诵声，我们如理回向，它们都会得到利益。

问：放生用的甘露丸我们需要特别注意来源是否清净吗？

答：需要注意。不是所有的甘露丸都有益。有些甘露丸来源可能不清净，比如本身是假的甘露丸，或者真正的甘露丸在经过犯密乘戒者的手后也会成为不清净的，所以用甘露丸一定要注意。吃下不清净的甘露丸会对解脱产生障碍。放生时如果不清楚甘露丸的来源，就不喂甘露丸，念诵仪轨或用系解脱加持就可以了。

共修放生

问：小乘与大乘在放生方面是否有区别？

答：阿底峡尊者说过，大小乘以发心别。小乘修行人深深体会到轮回的痛苦，他们最大的愿望就是从这种痛苦中摆脱出去，永断生死，入于涅槃。他们所有的行为都是围绕这个目的展开。小乘修行人不是没有慈悲心，不是不关心其他生命的疾苦，只是他们的慈悲心还没有深广到为了众生离苦得乐而不顾自己是否解脱的程度。大乘修行人虽然也深刻体会到轮回的痛苦，也对这轮回中的一切毫无眷恋，但是他们希望一切众生究竟成佛，而不是自己独自解脱。大小乘在发心上的这种差别也反映在放生中。

问：集体共修放生的意义是什么？

答：集体共修放生的功德不是由所有参加的人平分，而是每人都能得到全体的功德，这在经书里是有记载的。比如，大家共同放生一亿条生命，凡是参加共修的人都能得到放生一亿条生命的这份功德。这种善法本身就不可思议，若再加上如理如法地发心和回向，功德就更不可思议，一定能够让我们迅速清净业障、积累广大资粮。

问：怎样放生能具足六度？

答：大乘菩萨所有的行为可以归摄为六度，而行持一种善法也可以同时具足六度。以放生为例：

第一，布施。大乘菩萨的布施有三种：无畏布施、法布施、财布施。放生本身是无畏布施；通过佛教的放生仪式让有情得到佛法的熏染，使它们获得暂时与究竟的利益，是法布施；施财令有情离苦得乐，是财布施。这三种布施当中，法布施是最为重要的。

第二，持戒。如法放生是让有情获得暂时和究竟的利益，这符合以利益众生为核心的大乘戒律。在运输、放生过程中，尽量轻拿轻放，避免让动物受伤或受到惊吓等，与不伤害众生的戒律相一致。

第三，忍辱。放生时会遇到一些违缘，比如你刚把鱼放生，就有人拿着渔网、鱼竿闻讯赶来捕捞，或者有人故意制造事端，阻止你放生，遇到这种情况不要生嗔恨心与人争吵，而应该好言相劝并积极寻找解决办法。很多时候，我们放生还需要忍受疲劳、饥饿、严寒酷暑等。这些都是忍辱。

第四，精进。精进是对修法生起欢喜心。对放生活动积极主动，充满欢喜向往，就具备了精进度。

第五，禅定。在放生过程中无论是搬运动物还是其他劳作，无论是念诵、观想、祈祷，还是修慈悲心、菩提心，始终认认真真、心不外散，这就具足了禅定。

第六，智慧。懂得放生的殊胜功德，这是一种智慧。再进一步，有三轮体空的见解以及证悟，就更是智慧。

吃素与放生

问：吃素与放生的关系是怎样的？

答：吃素具备自他二利的功德。吃素不仅对自身有很大益处，还间接起到放生护生的作用，因为吃肉的人少了，动物被宰杀供人食用的情况也就会相对减少。希望大家尽量吃素。

问：佛教徒吃素就是在护生，又何必那样强调放生，是不是太执着于形式了？

答：前面说过，如理如法放生即是在行持六度。六度之外，加上发心和回向，大乘佛教一切修持无出其外。

事相固然不必执着，然而无相非从相外求。初学者很难不执着，既如此，那就执着善业，有道是"已到岸人休恋筏，未曾渡者要须船"，善业即是我们的船。

佛陀也说过："以无我无人无众生无寿者修一切善法，即得阿耨多罗三藐三菩提。"心无执着、无所挂碍地去修一切善行，即得圆满菩提。

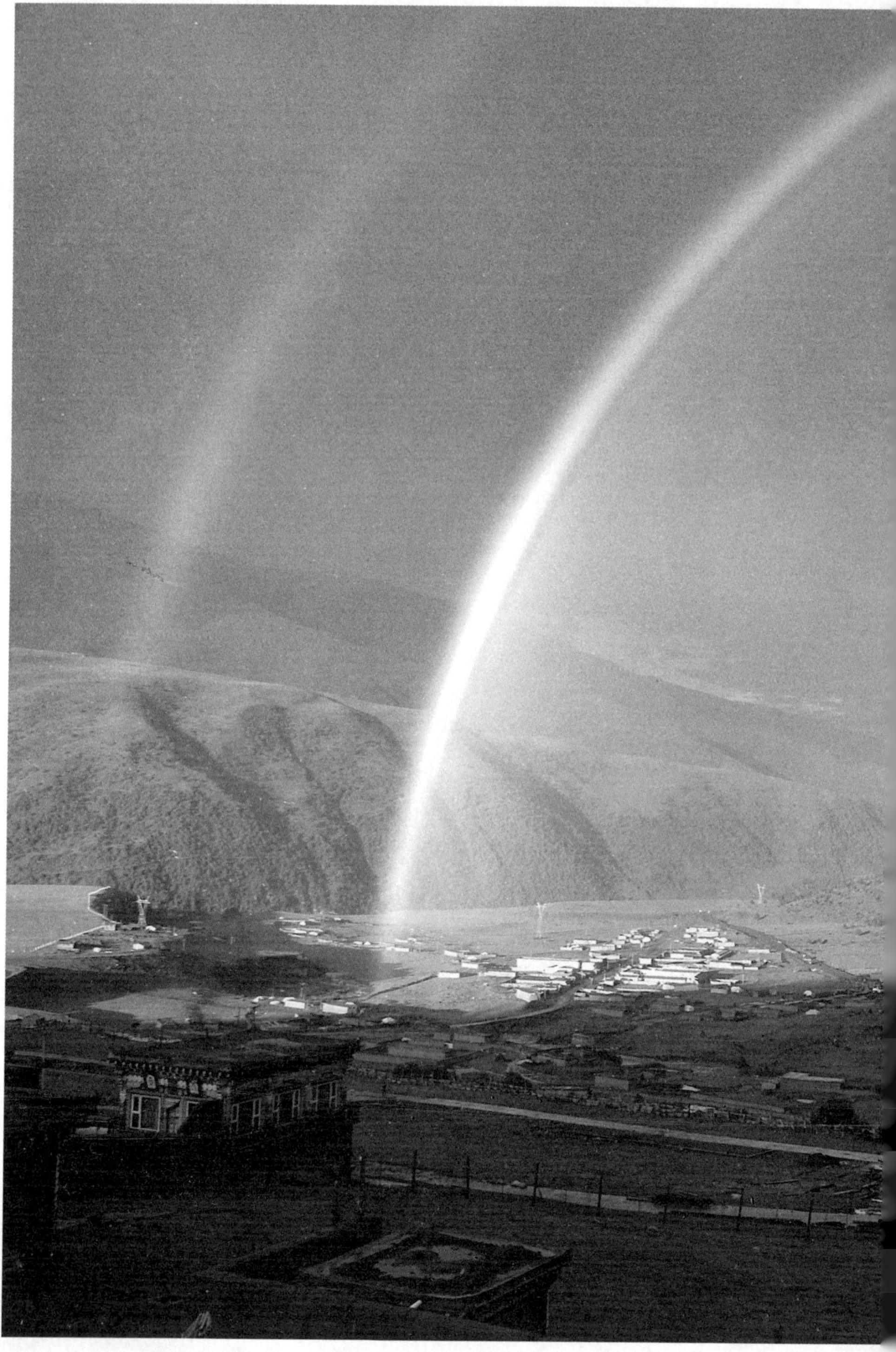

辑七
空　性

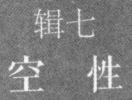

空性不仅是概念，它还是人、事、物本身。不论你理解不理解，空性都未曾有一刻离开过我们。

空　性

问："空性"是佛教中最重要的概念之一，但也是最常被人误解的概念。您觉得人们应该怎样理解"空性"？

答：空性是现象最本质的属性，现象是空性的表达。正如可以从不同的侧面去观察现象，我们也可以从不同的角度和层面去理解空性。

我们都有一个根深蒂固的"我"的观念。什么是我？你会说这个身体是我。身体由地、火、水、风这"四大"组成，也就是肌肉、骨骼、器官、毛发、水分、呼吸、气脉、热量等。这其中包括有形的，也包括无形的。单个来看，我们很难说肌肉、骨骼、水分、呼吸是"我"，否则，减肥成功后，你会感觉自己不完整了，因为有一部分"我"被减掉了，而实际上，你根本不会这么想，反而会觉得自己比以前更加完美。同样，我们吐唾沫、呼吸的时候，也不会认为自己被吐到了地上，或者被呼出去又吸进来。可见，"我"不存在于个别的四大中。

那么思想、意识是不是"我"呢？思想意识只是一个个念头，心念的相续，迁流不住。任何时候当你想捉住念头，都处于前念已灭、后念未生的状态，如果念头是"我"，"我"在哪里？

"我"也不存在于身体和心念之外，没有人会认为自己身心之外的某个人或某件物品是"我"。

"我"是建立在身心组合体上的一个概念。既然是组合体，就是相对、依赖其组成部分而存在，没有独立固有的自体。又因各组成部分皆在不停的变化运动中，所以整体形成的同时自然处于解构的状态，不具有恒常性，且当体即空。然而，人们却坚信有自在实存的"我"，并由此生出对"我的"的执着，想方设法呵护保全。

人如此，物、事亦如此。比如一张木桌的存在，依赖于木头、钉子以及木匠的劳动、我们的觉知和观念等等。木头由树而来，树由种子、土壤、气候、阳光、雨露而来，种子由另一棵树而来……仅木头这一项，其由来就可以无穷追溯。其他各项亦复如是。可知，平常如一张木桌，也或远或近地与整个宇宙相关。

任何一法，都或远或近地以一切法为缘而生住。诸法互为缘起，这是佛教的一个基本原理。懂得缘起，就不难理解空性。

上面我试图从一两个比较容易理解的侧面简要地介绍了空性。我们虽然是通过言语、概念、分别心去初步地理解空性，但不要止于言思分别,这些只是路标,是指月的手指,顺着它或许可以到达目的地,可以看见月亮,但是路标、手指本身并不是目的地和月亮。

空性不仅是概念,它还是人、事、物本身。不论你理解不理解,空性都未曾有一刻离开过我们。但空性慧,即证悟空性的智慧,是佛教中独有的,也是我们需要通过闻思修逐步显发出来的。

"你见与不见,我都在那里。"见到了,才知道一直在那里,从未离开;没见到,自是咫尺天涯,相逢不相识。见,要靠智慧,而智慧由戒定而来。所以,人们较为常见的一个误解,是认为凭世间聪明,靠言思分别,可以证悟空性,而不愿去老实持戒,对治烦恼。

在空性的理解上,另一个常见的偏差是执着断灭,认为什么都是空的,善是空,恶是空,因果是空,修证是空,所以不用行善,不怕造恶,随心所欲,就是最高明的境界。祖师们一再告诫:宁执实如须弥山王,不执空如芥子许。要修行者千万警惕的正是这种对空的邪执。

不思善,不思恶,是入定的境界,并且非初学者所能了达;而出定后,仍然要谨慎取舍善恶因果,积累福慧资粮,不可荒废了修行。

墙、鹰、风幡

问：佛门所谓的四大皆空感觉是为生活中不如意的人提供一个避难所而已，不然的话，明明生活中的亲人朋友，林林总总，怎么会是空无所有呢？

答：你若知道自古以来有多少社会栋梁、文化精英都是佛门弟子，奉缘起性空为智慧之极则而努力参究，大概就不会说所谓四大皆空只是为失意者提供一个遁逃的去处。

生活中的林林总总是空的，但不是你所理解的"不承认有现象"，佛法讲的"空"不排斥现象，现象本身就是空。

比如一堵墙，实实在在，看得见摸得着，从昨天到今天，它一直在那儿，看上去没动也没变。而实际上"墙"只是一堆高速运动的粒子的代称，在构成墙的任何粒子上，你都找不到墙。

再细看那一堆粒子，其中每一个粒子又是更细微的一堆粒子的代称，以此类推，层层细分，极细微粒子瞬间出现瞬间消失,因而由无数细微粒子组成的"墙"也是在瞬间生灭。

前一刹那的"墙"当下就已经消失了,下一刹那的"墙"是由新的粒子组成的另一堵"墙",而人们却误认为是同一堵墙从前一刹那延续到了后一刹那,从昨天延续到今天,到明天,没动也没变。

所谓粒子的运动,并不是同一个粒子由 A 点位移到 B 点,而是在 A 点的粒子出现、消失之瞬间,B 点上另一个粒子出现并消失。因此,当你看见雄鹰飞过长空,其实并没有一只鹰从东边的天空飞到了西边,有的只是无数刹那的"鹰"的现象,随着因缘的变化而出现在不同的位置点上。

这个道理也适用于生活中的林林总总,包括我们自己。正如《楞严经》中所说:"一切浮尘诸幻化相,当处出生,随处灭尽。"

佛陀关于"空"的教法广博深奥,仅仅是从理论上理解空性,就有几十种不同的角度。这里只是用大家比较容易理解的语言解释了一点点空性的概念。

构成事物的基本粒子在佛法中称为"无分微尘",即不可再分的极微粒子,它在瞬间突然出现突然消失这一特点,近期才被科学实验证明,而在佛法中却是早有描述的了。

佛法还进一步讲到如何从理论和个人体验上证明所谓无分微尘是不存在的,它的方生方死,与它的运动和持续一样,都不过是我们的非理作意。所以说,不是风动,不是幡动,是心动。

佛法不否认现象。只要你的非理作意在,你目前的现象界就会继续。

大千世界

问：大千世界，无论怎样都有其构成的基本单位，从一朵花、一滴水到一个人都是这些基本单位组成的。所谓的来世就是这些基本单位的重组，所以我的来世有可能是一张桌子、一块石头……这些基本单位的聚与散凭借的是"缘"，而"缘"的规律就是因果。这些缘起缘灭借助眼耳鼻舌造成了"我相""人相""众生相""寿者相"的幻觉。我可以这样理解佛法吗？

答：你对事物的这种理解可以说比一般人更深刻，但是与佛法的正见仍然有差距。

第一，你的来世大概只有在一种情况下可能是一张桌子、一块石头，那就是你不幸转生到了孤独地狱中。地狱有很多种，其中孤独地狱里的某些众生，会把物体，比如门槛、扫帚、石头、墙壁等，执着为自己的身体。这些众生看上去是无情物，但他们有苦乐的感受，与一般的门槛、石头是不一样的。

第二，小乘佛教有些学派认为世界由实有的基本单位构成，这与你的观点有相同之处；但所有佛教学派都不认为人死后来世可能变成纯物质。轮回转世，一定要有神识的参与，否则，莫说桌子、石头，就是父精母血相结合，也不会产生生命。

人死后，身体分解成无数基本单位，之后又重新排列组合，成为新的物质，这是在解释能量守恒定律，远远不是佛教对生命流转的看法。

第三，大乘佛教最为核心的中观认为不存在所谓"构成世界的基本单位"，也就是说，没有极微小、不可再分的粒子。

有人把空性解释为能量，是不对的，因为能量在佛法中属于色（即物质）的范畴。色的特点是有质碍，能作用于其他物质。《阿毗达摩大乘经》中讲到一种非常细微的"色"，感官不能直接感受到，但是意识能触及，通过工具也可以测量到。这比较接近"能量""波""场"的概念。

"色不异空，空不异色"，并不是在绕着弯子讲能量守恒、能量转换。能量是细微色，是极微小的微尘。不实有存在的，不仅是由这极小微尘构成的粗大物体，而且极小微尘本身也不实有存在。为什么呢？

我们假设存在所谓"构成世界的基本单位"，把它称为"无分微尘"（或无分粒子），即不可再分的粒子。无数无分粒子排列组合，构成这样那样的物质。如果一个无分粒子的上下左右前后等方位排列着其他的粒子，那么，因为它是不可再分的，它的上下左右前后实际上是同一点，所以在它上方的粒子也同时在它下方及左右前后，在它左边的粒子也同时在它右边及上下前后，以此类推，在它周围与它共同构成物体的无数粒子，实际都位于同一个点上，那一个点正是它自己。这么一来，无数粒子也就是一个粒子，根本不可能出现粒子排列组合的情况，而粒子不能排列组合，就没有大家熟悉的电子、原子、分子、分子结构，没有这些，我们普通人世界中这万事万物也就无法产生。如果存在实有的最小单位，就不会有大千世界。

第四，现象的生灭是业因果的显现。业因果、缘起以及我相、人相、众生相、寿者相，并不是那么简单，解释起来要涉及佛法的许多概念以及对"主观""客观""心""物"等的见解，以后我们有机会再细讲。

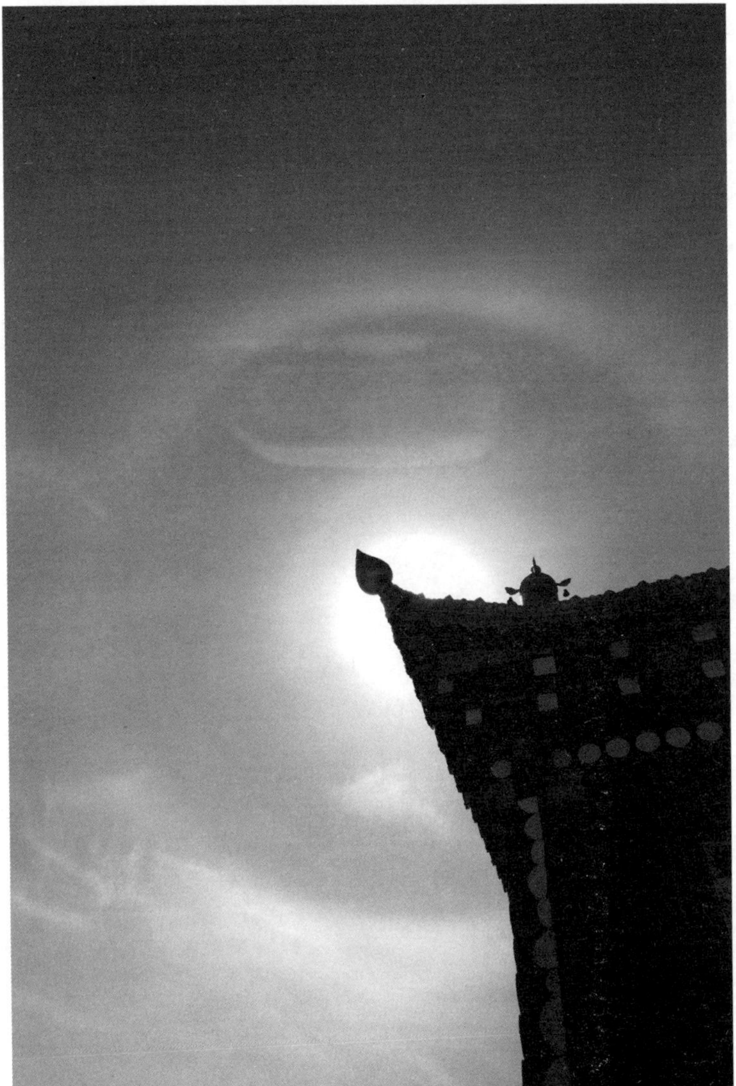

梦和醒

问：很多佛学著作中说"一切器情世界皆由心幻化"或者"万法唯心"，但缘起法则说事物是因缘和合而生，这两者是否矛盾？

答：对这个问题简单的回答，可以梦为喻：梦境是心的幻化，在梦中我们见到的器情世界以及所经历的一切，并没有真正存在过，对此我们应该没有疑问，然而这种虚妄的显现也是依靠因缘才会如此这般出现在我们的梦境中。

在梦中若相聚的因缘不具足，我们照样会经受离别之苦。在梦中也有亲有怨，有喜有悲，有顺有逆，其间这种种变化、生灭都是因缘在聚散生灭。可见"一切由心幻化"和缘起法则并不矛盾。

如果有时间可以读一读麦彭仁波切的《醒梦辩论歌》，慢慢体会醒与梦并无本质的不同，二者都是心的幻化，也都是因缘的显现。因是心，缘是心，因缘生灭是心。

问：梦和现实怎么会并无本质的不同呢？

答：为叙述方便起见，不妨把现实称为"醒"。我们可以从不同角度对梦和醒进行比较，看看它们到底有多不同。

第一，醒时的一切都看得见、摸得着，通过感官可以实实在在觉知到，心智也是清醒不迷乱的。然而，我们并不能据此就判定醒比梦更真实，因为梦里的一切对于梦里的你来说，也是看得见、摸得着，通过感官可以觉知到的。你在梦中也看见人来车往，听到鸟语，闻到花香，吃东西有不同的味道，起风了也觉得冷，不是吗？梦里照样有各种情绪、思维：上班路上也着急，担心迟到；跟人吵架了，也气得捶胸顿足；跟人讲道理，也能引经据典，巧舌如簧……

我们醒时，习气更为坚固，所以醒的世界、醒的经历看上去更清楚有序，而梦时的习气相对弱一些，梦中的经历也就会显得有点儿错乱、模糊，但是眼耳鼻舌身意、色声香味触法的作用关系在醒梦之间并无不同。

第二，梦里的情景醒来便没有了，但我们不能据此就认为梦是假，而醒是真，因为醒着的时候所经历的，也都是因缘的刹那聚合，过后便散。比如昨日的情境，今天再无处可寻。上午发生的一切，做过的事、说过的话、动过的念头、见闻觉知的种种，到中午，都过去了，消散了。像做梦一样，当时似乎是有，过后却了无踪迹。人的一生，童年、少年、青年直至老年，一段一段的生活，回头看都是这样。

我们知道，梦中的经历不仅醒来时没有，正在做梦时也是没有的，从未真实发生过。但是我们很少想到，醒时经历的一切也是这样，不仅过后没有，当时也只是相对于心的状态而显现的某种境相，并不是实质、自有的存在。

比如，颜色不存在于物体的本质当中，颜色是频率、波长不同的光波投射到我们眼中而产生的幻觉。当我们明明看见红花绿叶时，花的红、叶的绿只是我们的觉知，并非自有的存在。

第三，根据人们通常的经验，醒的世界比较稳固长久，而梦中所见短暂，很快就消失了，因此人们认为醒真梦假。

如果稳固长久就是真，短暂易逝就是假，那么醒时的很多经历也非常短暂，比如你听见的鸟鸣，听见就消失了；你说话的声音，刚说就消失了，这是不是意味着醒的世界也是假的呢？

人们认为稳固长久的存在，山、房屋等，不过是刹那刹那因缘的相续，本不实有长存。就像放映机连续几年放同一画面，我们便会以为它是静止不变的，而事实上无数帧底片前后相续，一直在变，只不过我们的意识无法辨别其间的变化，错认为它不变。所谓稳固长久，只是短暂显现的前后相续。如果短暂的显现是假的，则长久的显现也不会是真的。

第四，我们有时在梦中拥有超常的能力，腾云驾雾、飞檐走壁，而醒过来就不能这样随心所欲，但是这并不能说明梦比醒更迷乱虚假，因为无论是梦是醒，现象生起都靠因缘和合，梦中的飞翔、穿墙等，也是在合适的因缘具足时才有的现象，如果不需观待因缘，那么每次做梦都应该在飞翔，在穿墙，而且只显现这个，不会有其他梦境。之所以梦境会变化，正说明它是依靠因缘，随因缘的变化而变化。而且，我们在梦中也并非总有穿墙而过的想法和能力，因为牢固的习气，我们梦见高墙时，自然而然会在它面前止步。在梦中也往往不能随心所欲，否则我们应该永远不做噩梦，只做好梦。

普通人醒时的经历和反应也是因缘习气使然，因缘具足了，事情就可能。比如通过显微镜，肉眼也能看见细菌。拿起电话，普通的耳朵也能听见千里之外的声音。而破除了执着习气的大成就者更是能在空中漫步，穿越质碍，水火不侵。

第五，醒时做的事能真正发挥效用，比如，买了房能住，做了饭能吃，而梦中买了房、做了饭，醒来就没了。这并不能说明醒梦不同，因为醒时买的房只能醒时住，若梦见的是无家可归，在梦里还是没房住。醒时有伞，梦见下雨的话，照样淋雨。所以，醒时有的，到梦里就没了，跟梦里有的，醒过来就没了，是一样的。

从不同角度对醒梦进行对比后，我们会发现梦境和所谓"现实"在很多方面的运作原理是类似的，你很难说谁比谁更虚妄或更真实。

佛的三身

问：佛更重要还是佛心更重要？或者说，佛和佛心是不是一回事？

答：我理解你所说的"佛心"是指自性，你所说的"佛"是指佛的报身和化身。哪一个更重要？我想我们应该先弄清楚什么是佛。

断证究竟为佛，也就是所有障碍无余断除，智慧功德圆满证得，其体现为法、报、化三身。法身为自性光明，众生个个本自具足，但只有证入佛地时，自性光明才完全显发出来。报身、化身是佛在不同有情面前的显现。报身佛为一地及以上的菩萨现量所见，没有开悟的凡夫只能见到化身佛。本师释迦牟尼佛即为佛的殊胜化身，经书、佛像、善知识等为佛的万千化身。

我想你实际要问的是，学佛应该更注重回归自性还是更注重随学三世诸佛。其实自性与诸佛是一体的，随学诸佛就是在一步步回归自性。

问：如果每一个人自己都可以成为一尊佛，那么当我们礼佛时，我们在礼谁？我们如何知道自己与成佛或解脱的目标还有多远的距离？

答：如果你认为佛是外在的，那么当你礼佛时，你礼的是外在于你的佛。当你开始了解自己也有佛性，有成佛的潜力，你便知道顶礼外在的佛，也就是在顶礼自己内在的佛性。当你真正见到自性，你会明白在究竟意义上外境是心的幻化。

你若还有烦恼，自然就还没有解脱。烦恼越多，离解脱越远。

问：若严格地要求遵照仪轨、拘泥于礼数、膜拜神通，岂不是佛说的著了相？佛既无定相，若著相，岂不是离佛真正的用心远了？

答：著相在心，不在外。

如果没有分别心

问：如果没有分别心，那么众生如何分辨善恶美丑？如何教会众生该弘扬什么、改变什么、抑制什么？

答：这是佛法中被世人误解较多的一个问题。不分别，是说胜义谛法界本性非伺察寻思之心所能了达，所谓"言语道断，心行处灭"，只能证到，思维不到。

圣者菩萨在入根本慧定时，安住于远离四边八戏的空性中，分别心不起；出定后，虽知一切显现如梦如幻，依然谨慎地取舍因果、断恶行善，精进积累福慧资粮。

初学者入座禅修时，一般先反复思维、辨析法义，有了一定解悟时，在此解悟中稍稍安住，然后再思维辨析，再安住，如此思维修和安住修交替进行。出座后在日常行住坐卧间，要依照莲师的教言：见解比天空还高，行为上取舍因果善恶比粉末还细。时常记得提起正念，烦恼分别自然减少。

你看佛法讲"不分别"，并不是要大家都不辨善恶。实际上，普通人你要他不起分别心，也是做不到的，与其苦苦辨别那言思到不了的去处，不如从低处着手，一步步来：普通人的"不分别"主要指减少贪婪、嗔恨、欺骗、嫉妒、狐疑、谄曲等等恶分别念。在此基础上，凡夫修行者的"不分别"主要指禅修中的安住修和在日常生活中保持空性的定解。然后再逐步增上，达到圣者菩萨的"不分别"境界。

空性和虚妄

问：空性和虚妄不同之处在哪里？

答：佛陀二转法轮宣讲无相般若法门，为破除弟子们对现相的实执而强调"凡所有相，皆是虚妄"。此处"虚妄"主要指空性、非实有。

待弟子根机成熟、实执减轻后，佛陀三转法轮开示空的光明面，进一步抉择了实相、现相相同的能知所知为真实，不同的为虚妄。

具体而言，清净了业障的佛菩萨的智慧以及这种智慧所了达的融于一味一体的实相现相，具有真实、了义、不变自性等特征，是空性但不虚妄的。

凡夫与菩萨出定时的分别念以及在这种分别念前形成的与实相相异的现相，具有假立、幻变、非了义等特征，因而是虚妄的。

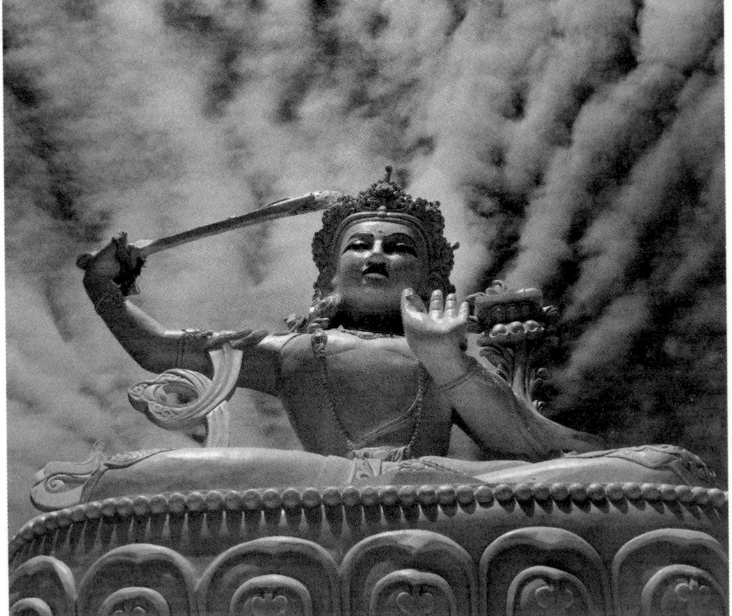

看到的是什么？

问：如果看到的一切都不是看到的，那么看到的是什么？

答：我们看到的一切是因缘和合的显现，而千头万绪的因缘之所以如此这般显现，是业力和习气决定的。拿我们自己来说，这副身体是由无数粒子、细胞等组成的，单个粒子刹那生灭，无数粒子一直在刹那成相、刹那消失中，这堆粒子为什么每一刹那新成的相，都是我现在的样子，而不是其他形象？比如头上有角，或是变成另一个人的样子？这是因为"我的身体"这个相的显现，随我的业力和习气变化，当业力和习气只有非常细微的变化时，我的样子和身体的功能也只会很细微地改变，不可能前一刹那还是个普通脑袋，后一刹那就长出角来。

由于六道众生的业和习气不同，各自身心世界的显现便不同。比如人见到的水，在地狱众生眼中是铁浆，饿鬼眼中是脓血，某些旁生眼中是房屋，天人眼中是甘露。由此也就可知，并无实有不变的外境，只有相对于众生的业和习气的不同现相。

就现相而言，以每一道众生正常的眼识所见为正确。眼识正常的人见到的水，对人来说就是水。如果有人说他见到的是脓血，八成是他出现了幻觉。人只能见到人道众生的业力习气范围内的东西，见不到其他道众生的所见。同样，每一道众生的所见都只限于自己业力习气的外现。

从现相、实相的角度说，每一道众生心识前有各自的现相，业障越轻的众生，所见越接近实相。也就是说，人眼中的水比饿鬼眼中的脓血更趋近于真实，天人眼中的甘露又比人见到的水更接近真实，而大佛子眼中见到的佛母坛城则更接近实相。

我们通过修行，净化自相续，见闻觉知将越来越趋近实相。

二、不二、无生

问：世界因相对而存在，为什么在佛法里要说没有二只有一，最后连一都没有，这和世界因相对而存在矛盾吗？

答：说二说一说没有，是在不同层面上讨论问题。

"凡所有相"在佛法中称为"世俗谛"，根据无垢光尊者在《如意宝藏论自释》里的开示，显而无自性为世俗，无欺显现各个自相为谛。世俗谛又有世俗现相和世俗实相两个层面。世俗现相，即你所说的因相对而存在的世界，有能有所，有主观有客观，能取的心识和所取的外境，互为观待，互为缘起，缺一不可。

世俗的实相是万法唯识，一切皆为心识的变现，没有离识之外实有存在的外境。

在胜义谛的层面，无心识、无外境，皆为无生大空性。

所以佛法中既承认"二"，也承认"不二"，又说"无生"，这其中不存在矛盾，只是暂时和究竟的差别。

无欺的痛苦也是虚妄的

问：烧经或诋毁三宝有种种罪过，这个罪过是谁规定的？如果带着"凡所有相，皆是虚妄"的眼光看，有经文的纸和没有经文的纸或者其他什么东西，本质上是一样的。类似的，持诵佛菩萨名号会获得利益，不持诵或者不信佛就不会获得利益，既然佛菩萨是救苦救难的，那就会普度一切众生，包括信佛的和不信佛的，这也是我母亲反对我学佛的一个原因，她觉得佛是自私的。这类疑惑该如何开解？

答：诋毁三宝的果报是自然感降，不是谁硬性规定的，正如种瓜得瓜，种豆得豆，水是湿的，火是热的，没有谁定，法尔自然，就是这样。佛陀看到了这个自然现象，告诉了大家。

的确，"凡所有相，皆是虚妄"，一切显现都是假立虚妄的。但只要你还没有超越这个假立虚妄的世界，造恶业后就必然会感受痛苦，尽管这无欺的痛苦也是虚妄的。

　　佛菩萨平等救护一切众生，就像母亲爱护子女。做母亲的人应该有体会，你爱子心切，而孩子那边不一定懂你的心意。虽然你无时无刻不关照、牵挂着他，他若不领情，就感觉不到你的关爱，你也没办法。不是你偏心。

　　初学者修学中观空性见解，首先要对世俗谛中的因果、轮回等有坚定的信解，在此基础上，再遣除自己第六识对它们的执着，了知它们只是众生无明分别心的迷乱显现，法界中本不成立。把它们观成如梦如幻，了不可得。这样反复思维熏习后，自己对外境的实有执着会逐渐减轻。如果不经由正确的次第，修学中观的空性见解就很容易陷入困惑偏差中。

放下执着和发大愿

问：佛讲放下执着，佛也讲发大愿。请问两者之间是否存在矛盾？

答：佛教说的"执着"是指执幻为实，具体又分为人我执和法我执。"我"是指实有自性。把色、受、想、行、识这五蕴幻妄身认作自己的身心，妄执为我，名人我执。把一切事物、现象、观念、习气认作实有，名法我执。法我执有广义、狭义之分，广义的"法"包括有情、外境、无边、二边、非二边，即把人我包括在内，而狭义的法我不包括人我。人我执产生烦恼障，障碍众生证得暂时解脱，细分不可计数，归纳起来为贪、嗔、痴三毒。狭义的法我执产生所知障，障碍众生证得佛的一切智智，归纳起来为二取、三轮执着和习气。

佛教所说的发大愿，主要指发菩提心，发愿为了一切众生离苦得乐、究竟解脱而证取无上正等觉。圆满觉悟须断除一切执着、习气。认为自己有所证得，是一种极微细的执着。修行者首先要断除的是粗大的执着，现量见到空性后，由一地到十地，微细的执着习气层层清净，十地最末断尽最微细的习气，此时入妙觉证得佛果。

通常情况下，断除执着是一个渐进漫长的过程，不能一开始就说："为救度众生立誓成佛"是一种执着，所以要放下。像有智有得的微细执着，是证悟之后才谈得上断与不断的。初学者面前，有多得数不清的、远比这粗大的烦恼执着需要去断除。不踏踏实实清净自己当前境界中的烦恼执着，却担心更高境界中的微细执着，就像低年级的学生不好好完成自己的功课，却操心高年级的功课一样。

佛教说发大愿，是为救度众生立誓成佛；而断除一切执着，方能证佛果。不努力去放下执着，所谓"发大愿"难免流于空谈。

有一点需要注意的是，随着时代的变迁，词汇的含义会发生改变。比如现在人们日常生活的语境中，"执着"有时候是指坚持不懈、决心坚定地去做一件事，这并不是佛教所说的"执着"。在佛教中，以欢喜心坚持不懈地行持善法，称为"精进"。

见解和行为

问：一个人坚持，很容易执着，如果对来去的一切都不在意，都随便放得下，那么是不是也容易朝三暮四，生起退心？

答：彻底放下执着，是佛的境界。在佛的境界中，无来无去，无放下与不放下，无退与不退，无有勤作，但应有情的福德随缘显现利生事业。

若还没有达到这个境界，减少执着就要讲循序渐进。先坚持善的，坚持精进勤苦闻思修。等现量证到本性，再谈一切放下，不修而修。

另外，不要混淆见解和行为。如《楞严经》云："理须顿悟，乘悟并销。事非顿除，因次第尽。"见解上须无所畏惧，不执一切；行为上要次第勤修学，该坚持的坚持，该远离的远离。

可以选择其他法门

问：思维空性之理会觉得恐怖，无法接受。该怎么办？

答：《金刚经》是主要讲般若空性的一部经，佛在经中说："若复有人，得闻是经，不惊不怖不畏，当知是人甚为稀有。"可见，能直接受持空性法门的人是很少的。正是因为这样，佛陀当年才在开示空性法门之前，用十几年的时间宣讲四谛、八正道、十二因缘、四念处等法，帮助弟子们调柔相续，积累资粮，完成最基础的修行，也就是佛陀初转法轮所涵盖的内容。之后在因缘具足时，部分弟子的根器成熟，可以领受般若法门了，佛陀才向他们广泛而深入地传讲了空性妙法，也就是二转法轮。

如果自己暂时还不能接受空性教法，那么修学四圣谛、出离心、皈依、菩提心、积资净障等，都很好，认真修学的话都能离苦得乐。

佛陀还慈悲开示了诸多殊胜善巧的方便法门，例如净土法门，凭借阿弥陀佛不可思议的悲心、愿力，纵然不知空性为何物的凡夫也能像现见空性的圣者一样，往生清净刹土，永不退转轮回，所以发愿往生极乐净土，老实念佛，也是极为殊胜稳妥的修法。

乃至虚空世界尽

众生及业烦恼尽

如是一切无尽时

我愿究竟恒无尽

——《普贤行愿品》

一髻佛母护法

大遍入㕶赫拉

单坚善妙金刚护法

格萨尔王护法

紫玛护法

丹哲耶吾布美护法

此咒置经书中　可灭误跨之罪

此咒轮可消除一切众生无意中踩、迈、摔、打佛像、经咒、唐卡等罪业

图书在版编目(CIP)数据

透过佛法看世界 / 希阿荣博堪布著 . -- 北京：中国藏学出版社，2023.11
ISBN 978-7-5211-0481-3

Ⅰ.①透… Ⅱ.①希… Ⅲ.①佛教－人生哲学－通俗读物 Ⅳ.① B948-49

中国国家版本馆 CIP 数据核字（2023）第 210844 号

透过佛法看世界

希阿荣博堪布 著

责任编辑	杜冰梅
出版发行	中国藏学出版社
印　　刷	北京隆昌伟业印刷有限公司
版　　次	2023 年 11 月第 1 版第 1 次印刷
开　　本	880 毫米 ×1230 毫米　1/32
印　　张	11
字　　数	209 千
书　　号	ISBN 978-7-5211-0481-3
定　　价	48.00 元

图书如有印装质量问题 请与本社发行部联系
E-mail: dfhw64892902@126.com 电话: 010-64892902
版权所有 侵权必究